U0876232

**基金项目**

玉林师范学院高层次人才科研启动基金项目“历史认识的客观性问题研究”（项目编号：G2021SK03）

玉林师范学院 2023 年新增硕士学位授权点——教育硕士建设（项目编号：202308042）

# 历史认识的客观性问题研究

LISHIRENSHI DE KEGUANXING WENTI YANJIU

程传利 著

GUANGXI NORMAL UNIVERSITY PRESS
广西师范大学出版社
·桂林·

图书在版编目（CIP）数据

历史认识的客观性问题研究 / 程传利著. -- 桂林 : 广西师范大学出版社，2023.12

ISBN 978-7-5598-6653-0

Ⅰ. ①历… Ⅱ. ①程… Ⅲ. ①史学—研究 Ⅳ. ①K0

中国国家版本馆 CIP 数据核字（2023）第 233964 号

广西师范大学出版社出版发行

（广西桂林市五里店路 9 号 邮政编码：541004
网址：http://www.bbtpress.com）

出版人：黄轩庄

全国新华书店经销

广西思畅印务有限公司印刷

（南宁市望州路北四里 2 号 邮政编码：530012）

开本：787 mm × 1 092 mm 1/16

印张：11 字数：180 千

2023 年 12 月第 1 版 2023 年 12 月第 1 次印刷

定价：48.00 元

如发现印装质量问题，影响阅读，请与出版社发行部门联系调换。

# 前 言

“客观性”是科学所必定具备的特征，离开客观性特征的知识就不能称为科学知识，自然学科中认识的客观性使自然学科取得了科学的称号，历史认识的客观性问题能否妥善解决，也影响到历史学科的科学地位和学术地位。“客观性”的思想和理想也曾是职业历史学的核心和该事业的基石，是史学家的信念所在和历史学继续存在的理由。然而，长期以来，历史认识的客观性却一再遭受怀疑主义和相对主义的质疑和挑战，于是，提出历史认识的客观性来为史学的科学地位进行辩护也是史学家包括历史哲学家的责任所在。分析表明，指向史学客观性的质疑最终是不成立的，但此类质疑也引发了人们对史学研究方式的反思。

对史学认识客观性的怀疑固然有哲学上的怀疑主义根源，同时它也是史学实践中实际遭遇的问题，这主要是由于史学在观点和文本上呈现出众说纷纭、莫衷一是的现象，或出现认识的不一致性或一致性缺失的问题。具体说，认识不一致性发生在除史实陈述之外的宏观历史叙述、历史构图、历史解释与理解、历史评价等所有方面。作为客观性缺失的标志，认识的不一致性对历史学科的科学地位或学术地位的消极影响是不言而喻的。本书力图从历史叙述、构图、解释与理解、评价等方面论证其认识不一致性难以消除的原因——它主要是由本体论上史学对象的语言建构性和观念层面上人类价值多元性共同决定的。

在史学一致性认识障碍探究之外,如何看待认识一致性在史学中的地位同样重要。就此而论,我们认为,作为非实践(用)性学科的史学,其一致性之缺失未必会在根本上妨碍史学作为严肃学术的地位,而史学中相异又相宜的认识结果正是史学存在的必要和魅力之所在。同时,在论述过程中,一味追求一致性认识也会导致权力或相关共同体扭曲史学的方向。

客观性的一个有趣的方面,是整体与个体维度上客观与主观的分野。当视野由具有意识、情感和志向的人转向社会结构层面,似乎彰显了由主观到客观的认识取向。事实上,正如文学作品都是属人的一样,是否涉及人亦是史学包括人类学作为具有经验性和具体性的探究与譬如宏观经济学、理论社会学的根本区别。在历史研究中一味追求宏观历史结构及其规律,会遮蔽具体人的个性特点和价值追求;一味追求史料之真实就会使史学退化到史料学,进而使史学走向"终极史学"的极端,抹杀人类探求史学意义和价值的信心和决心;而一味追求文本之真实也会把史学引向文学或小说的错误方向。因此,客观性是优秀史学著作的必要条件而不是充分条件,客观性不是关于史学认识合理性的唯一评判标准,在客观性之外,理解和阐释的多样性、深刻性和启发性是史学评价同样重要的标准。正因如此,史学研究的思维模式要由主客二分上升到主客一体化模式,用本体论上的主体间性思维模式分析历史是史学研究的必然。用本体论上的主体间性的思维模式来理解历史反倒是回到了本真的历史,反映出生活世界中人与人的本真关系。

本书的绪论部分综合论述研究历史认识的客观性问题的事由,通过研究国内外关于历史、客观性的定义，在分析二元对立思维模式优缺点的基础上，指出本体论和认识论上的主体间性在历史研究中的应用，通过梳理不同思维模式在历史研究中的作用得出结论：自然学科中认识的客观性使自然学科取得了科学的称号，历史学科中认识的客观性也关系到历史学科的科学地位和学术地位，它理所当然地引起了学者们的高度关注。

第一章"历史认识的客观性问题的提出及辨析"：分析"客观性"概念在本体论、认识论等不同维度上的复杂性，并从中引出历史认识的客观性遭到质疑的原因；经过论证指出作为非实践性人文学科，思想与认识的不一致但相宜形成的参差多态其实正是史学独特的魅力之所在。本章内容具体从"客观性"的定义分析写起，这是本书的重点和难点部分，也是本书写作的起点，是难度最大也是最令人费解的部分；接着指出历史认识客观性问题提出的本意，并对历史认识的客观性进行维护和辩护，反对相对主义和怀疑主义对历史客观性的质疑；最后在分析解释和理解两词的实际应用后指出历史研究应具有的思维模式。

第二章"史学求真的曲折历程及影响"：首先指出史学之求真包含求得史实之真和求历史书写结构之真，也可以称之为史学所求内容之真和形式之真；其次分析客观主义史学的主张；最后，关于追求文本之真，强调如果只是关注文本结构而不考虑文本结构是否适用于文本所描写的内容，会导致一种知性思维方法，即采用主客二元对立的方法，形成一种用先验结构来压制甚至宰制对象客体的历史书写状况。本章具体从史学追求的内容之真和形式之真的方法及历程的角度分析史学求真的重要性，并指出真实性只是史学研究的基础所在。但是，史学一味求其内容或形式之真反而会使其偏离研究方向，史学除真之外，还有善和美的维度要求。

第三章“客观性不是评判史学优劣的唯一标准”:首先指出在客观主义史学和实证主义史学思想影响下追求史实的客观真实性已成为史学首要的学术追求,接着指出在后现代主义史学中,客观真实性、普遍一致性和规律的普遍适用性都已不再是史学的最高要求,并指出后现代主义史学中错误的部分。最后,在辩证分析的基础上指出对变化、信仰或人性的把握,对差异性的维护才是史学的标准,史学在真实性的基础上,可以发挥合理的想象,使史学更完善、更深刻,既维护其差异性但又不失其科学性。本章内容具体从语言真实与历史真实来分析史学写作中把握整体之真的方法及作用,从逻辑与修辞、绘画的辩证关系来阐述史学写作的真实性与生动性的关系,从历史时间和物理时间的角度分析史学写作的严谨性和灵活性,从“可能史学”角度分析如何研究史学的整体而非部分。

结语部分总括全书,指出思辨历史哲学着眼于历史存在,此阶段的历史认识的客观性是被当作不言自明的前提进行研究的;而批判、分析的历史哲学则着眼于历史认识,重在探讨历史认识如何可能的问题,此阶段的历史认识的客观性问题是史学研究中一个争议很大的问题,本书从认识论中客观性即认识的一致性的角度对该问题加以明晰。经过论证,本书认为在坚持史学真实性的前提下,史学理解和阐释的不一致性正是史学的特点,史学表现及史学叙述的多样性正是史学教化作用的体现,关键是如何做到史学的多样性、深刻性、启发性和史学真实性的辩证统一。

# 目　录

# 绪　论

## 一、研究背景

认识的客观性问题对于自然学科和历史学科(历史学、史学)的重要性都是不言而喻的,自然学科中认识的客观性使自然学科取得了科学的称号,历史学科中认识的客观性也关系到历史学科的科学地位和学术地位,于是它理所当然地引起了学者们的高度关注。但是历史认识的客观性问题自提出以来一直是学者们争论的焦点,甚至受到质疑和挑战,尤其是后现代主义者过分强调历史语言的独立性和非透明性或者过分彰显历史叙事的虚构性,这进一步解构和颠覆了传统历史学的客观性概念。

既然该问题一直受到质疑和挑战,那么是该问题提出的理论基础不对?还是质疑者的思维模式不正确?或者是后现代主义的理论不正确?对上述疑问的分析和释疑,可以使我们更清楚地认识历史学的发展方向和作用。通过分析,我们认为提出"历史认识的客观性问题",目的是为史学的学术地位做辩护,亦是为史学的发展指明方向、提供动力,即史学也可以采用客观公正的方法实现自己所追求的真实性这一史学的根基。然而真实性只是根基,在此根基上,史学还可以在宏观历史叙述、历史解释和历史评价方面保持自己独特的多样性,即得到相异且相宜的认识,探究生命意义的多样性,追寻人生的价值,承担人类的责任,这些也是史学的目的和责任。

面对后现代主义的质疑和挑战,我们要辩证分析,要拒斥其否定客观性的极端观点。比如,福柯认为人的思想从来就不是自主的、独立的,既然如此,人也不能够真正认识自己及其周围世界;凯尔纳认为在认识之外并没有一个历史真相,所有的历史仅是一种明显或隐蔽的历史叙述。[①] 当然,我们也要承认其极具启发意义的话语,承认其重视主观性或为主观性辩护的态度,更承认其对史学实践的具体操作:在转向语言学后重视叙事结构,重视文本之真与陈述句之真的区分与辨析,重视叙述话语的多样性、历史修辞与隐喻的灵活性,也重视修辞与逻辑之共在,甚至重视历史的艺术化发展方向,等等。因此,对待后现代主义的质疑,我们不妨把其主观性原则有选择地吸收到史学研究中,使其主观性更好地服务于史学的客观性。其实历史认识的客观性就是要充分发挥研究者的主观性,以实现认识上的客观性,此时客观性是从属于认识论的,而不是从属于本体论的。

## 二、研究意义

第一,探讨历史认识的客观性问题进而确立史学的学术地位。本书试图探讨历史认识的客观性受到质疑和挑战的原因及应对方法,以便了解该问题产生的背景、争论的原因、问题的本意和历史学发展中应把握的方向以及历史研究方法的多样性。由于客观性是科学的本质属性,一门学科离开了客观性就不能称之为科学,因此,探讨历史认识的客观性问题对历史学科的科学地位和学术地位的确立至关重要,也会影响历史学的发展方向。

第二,认识的客观性问题具有一般认识论意义,尤其是在史学与科学及其他学科比较的意义上,对史学客观性的探讨可以从特定角度为关于客观性理论的研究提供借鉴。

第三,试图进一步推动国内对后现代历史哲学的研究。后现代历史哲学虽然冲击了西方传统历史观念,并部分解构了历史的客观真实性,但其发人深省的论述及实践也促使传统史学加以反思。正因为后现代史学的传播,史学

---

① 王晴佳,古伟瀛.后现代与历史学:中西比较[M].济南:山东大学出版社,2006:58.

在坚持真实性的前提下，更注重历史书写的多样性、深刻性和艺术性，更注重微观史中具体个人的利益及命运。同样，在坚持真实性的前提下，应该吸取后现代主义者发人深省的深刻论述，促进历史学向纵深发展。

## 三、主题分析

“历史认识的客观性问题研究”，该主题之所以用“问题”与“研究”这两个词，是因为历史认识的客观性问题之成问题，一是其语义不清易造成误解，导致谈话双方在谈论“客观性”一词时虽然谈及其共同点，实则各有所指；二是这一问题在宏观历史认识一致性方面确实是问题，因其与自然科学相比在认识一致性方面的阙如，使得人们认为史学能达到和自然科学一样的精确性和一致性只能是一个高尚的梦想；三是该问题至今还是有争论的问题，甚至有学者认为这一问题是根本无法下手研究的问题。综上所述，既然该问题的解决入手困难、研究复杂，但又极其重要，所以本书试着从认识一致性角度和主客二元对立思维模式展开研究。

## 四、研究现状

### （一）国内研究现状

何兆武教授的著作《历史理性批判论集》（2001 年）[①]、《历史理论与史学理论：近现代西方史学著作选》（1999 年）[②]、《历史与历史学》[③]（2007 年）等分析了历史的定义及分类，指出一切人文价值都不是、也不可能是从科学里推导出来的，理解历史还需要科学之外、之上的东西；这些著作还分析了历史科学现代化的可能性、现实性和历史构图；最后，作者对这一领域的著名学者如康德、克罗齐、柯林伍（武）德等进行了评析，同时也深刻地反思了历史与历史学的本性。

关于历史分类与历史定义研究的著作还有周建漳先生的《历史哲学》

---

① 何兆武.历史理性批判论集[M].北京：清华大学出版社，2001.

② 何兆武.历史理论与史学理论：近现代西方史学著作选[M].北京：商务印书馆，1999.

③ 何兆武.历史与历史学[M].武汉：湖北人民出版社，2007.

(2015年),朱本源先生的《历史学理论与方法》(修订本,2012年)[①],张耕华先生的《历史哲学引论》(2004年)[②],王晴佳、古伟瀛的合著《后现代与历史学:中西比较》(2006年)[③]等。其中,朱本源先生的《历史学理论与方法》是一部综合性的史学著作,该著作分析了实证主义史学、浪漫主义史学中的诗性历史的"历史真实性"的概念(诗性历史的"历史真实性"的概念对研究历史写作结构具有一定借鉴意义),并在时间维度上介绍了历史思维模式的演变。周建漳先生的《历史及其理解和解释》(2005年)[④]和《历史哲学》,都是历史哲学中的综合性著作,两书引经据典、中外史料丰富、字字珠玑,严密细致地论证了历史时间、历史与史学的关系、历史解释、历史叙述和评价等问题,尤其是"历史认识的客观性问题"的相关内容是本书理论的直接来源和应用,其关于客观性定义的认识论分析,思维超然,令人敬佩;此外,周建漳先生的著作中对历史时间和历史叙述都有高深的理解,他在历史分类上提出"当下的历史与过去的历史"的独到见解,为本书思维模式论证提供了理论基础,因为人就在历史中,所以要用主客一体的思维模式分析历史事件。张耕华先生的《历史哲学引论》介绍了历史认识论的兴起和主客体的关联、历史的分层和认知图式与建构理论,阐述了理解的方法中关于"why"与"how"的分歧和历史重写等理论。王晴佳、古伟瀛的合著《后现代与历史学:中西比较》主要讲述后现代史学理论,观点独特,发人深省,其后半部是对中国史学发展情况的介绍。

关于客观性定义的分析有周建漳先生的《历史哲学》、袁吉富的《历史认识的客观性问题研究》(2000年)[⑤]、马克思主义哲学相关著作等。其中袁吉富指出客观性是科学的本质特性,并指出历史认识的客观性问题事关历史学的科学地位,然后指出贝克尔、克罗齐、曼德尔鲍姆、沃尔什和波普尔的观点从正反方面论证了历史认识的客观性。李醒民的《科学客观性的特点》(2008年)[⑥]和

① 朱本源.历史学理论与方法(修订本)[M].北京:人民出版社,2012.
② 张耕华.历史哲学引论[M].上海:复旦大学出版社,2004.
③ 王晴佳,古伟瀛.后现代与历史学:中西比较[M].济南:山东大学出版社,2006.
④ 周建漳.历史及其理解和解释[M].北京:社会科学文献出版社,2005.
⑤ 袁吉富.历史认识的客观性问题研究[M].北京:北京大学出版社,2000.
⑥ 李醒民.科学客观性的特点[J].江苏社会科学,2008(5):1-8.

杜杰的《"客观性"与科学本体论》(2011 年)[①]都是从科学技术哲学的角度论述客观性的地位和作用,认为客观性是科学知识的终极诉求,科学真理要寻求一种客观性作为基础和支撑,其中李醒民指出科学客观性就是科学共同体的主体间性。

关于历史认识的客观性问题,国内主要是从主客对立关系、主客对立统一关系、主体间性论述怎样实现历史认识的客观性。关于主客二元区分、主客二元对立、主客一体、认识论上的主体间性、本体论上的主体间性的著作与论文如下。

综合探讨以上关系的著作是张世英教授的《哲学导论》(2002、2016 年)[②],该著作详细阐述了思维模式的演变与超越,由主体、客体关系分析到横向超越和纵向超越,超越主客二分,实现万物一体的领悟或"我—你"之间的相互回应这一人生的最高意义,并阐述了伽达默尔的古今融合论。

专门探讨主客二元区分、二元对立、对立统一的著作有纪金庆的《二元对立与阴阳:世界观的冲突与调和》(2008 年)[③];探讨主客关系的论文有罗福惠、马敏的《历史研究辩证法三题》(1983 年)[④],刘曙光的《历史认识的客观性与主体性》(2008 年)[⑤],以及王春红的《历史认识的客观性》[⑥]和李金锴的《简论历史认识的客观性问题》[⑦],后两篇文章认为:历史认识的客观性不能一次完成,必须经过主体和客体的多次反复才能完成。探讨主客一体的有姚才刚、张黎于 2017 年发表的《"万物一体"思想的新发展——以明儒蒋信为中心》[⑧]。

论述认识论上的主体间性的有林璧属的《历史认识的主体性与客观真理性》(1997 年)[⑨],文章指出实现主体间一致性的原因在于交往实践,由于交往

---

① 杜杰."客观性"与科学本体论[J].武汉理工大学学报(社会科学版),2011(5):718-721.

② 张世英.哲学导论:第三版[M].北京:北京大学出版社,2016.

③ 纪金庆.二元对立与阴阳:世界观的冲突与调和[M].台北:台湾商务印书馆股份有限公司,2008.

④ 罗福惠,马敏.历史研究辩证法三题[J].江汉论坛(学术评论卷),1983(1):52-57.

⑤ 刘曙光.历史认识的客观性与主体性[J].社会科学论坛,2008(12):15-30.

⑥ 王春红.历史认识的客观性[J].太原教育学院学报,2004(1):23-25.

⑦ 李金锴.简论历史认识的客观性问题[J].华北水利水电学院学报(社科版),2005(2):25-27.

⑧ 姚才刚,张黎."万物一体"思想的新发展——以明儒蒋信为中心[J].哲学研究,2017(8):46-51,118.

⑨ 林璧属.历史认识的主体性与客观真理性[J].史学理论研究,1997(3):81-91.

实践中的交往规范保证了认识的收敛性和有序性，进而使认识超出其主观片面性而达到主体间认识的一致性。周建漳在《历史认识的客观性问题反思：关于史学中认识一致性问题的哲学分析》(2000 年)[①]一文中指出客观性的认识论定义，并从思想有效性推出主体间性，从主体间性概念引申出客观性概念的又一层规定性即认识的一致性，然后用自然学科与历史学科的不同特点分析得出结论，即特定层次上史学认识在一致性上的阙如并不妨碍其作为一种学术形成的严肃性。张三萍在 2004 年发表的《历史认识的主观性和客观性》中提到对客观性存在着真实性、有效性和一致性的三种不同理解，指出真实性是有效性和一致性的充分条件，但反之则不然。[②] 刘曙光在《历史认识的客观性与主体性》(2008 年)一文中既论述主客关系，又论述主体间性问题，他指出，“历史的真实性与客观性形成于主体间的视界融合之中，因此，应采用不同于自然科学的诠释学等人文主义方法”[③]来研究历史。

探究本体论的主体间性的是杨春时、杨晨于 2011 年发表的《中国古典美学意象概念的主体间性》[④]，其中特别讲到存在的主体间性。[⑤] 探讨本体论的主体间性在历史学中的应用，资料显示，只有安克(柯)斯密特利用“表现”概念借模拟物的替代作用而使过去再现来实现本体上的交流，本书正是在此基础上加以展开论证本体论上主体间性在史学研究中的作用及影响。

周祥森在《新时期历史认识客观性研究及其反思》(2009 年)一文中指出历史认识是一种内在认识。[⑥] 周祥森的观点实际上指出了“历史认识的客观

---

① 周建漳.历史认识的客观性问题反思:关于史学中认识一致性问题的哲学分析[J].哲学研究,2000(11):41-47.

② 张三萍.历史认识的主观性和客观性[J].湖北社会科学,2004(8):80.

③ 刘曙光.历史认识的客观性与主体性[J].社会科学论坛(学术评论卷),2008(12):15-16.

④ 杨春时,杨晨.中国古典美学意象概念的主体间性[J].吉首大学学报(社会科学版),2011(4):21-25.

⑤ “本真的存在超越现实存在,也就是超越主客对立的状态,世界不再是客体而成为主体,我不再是支配者,而是自由的主体。在主体与主体的平等关系中,人与世界互相尊重、互相交往,融合为一体。这就是主体间性的存在,存在的主体间性。”杨春时,杨晨.中国古典美学意象概念的主体间性[J].吉首大学学报(社会科学版),2011(4):21.

⑥ “只要把历史认识客观性规定为一种史学原则、史家的治史态度或信念,那么,不管如何去规定它的表现性内涵……都不会对历史认识客观性有任何的影响……历史认识客观性,是历史认识自身的一种内在属性和性质规定,它根本就不需要外在性原则或态度之助。……因为历史认识客观性不是别的什么东西,它只不过是实现了的、圆成了的历史认识主观性。”周祥森.新时期历史认识客观性研究及其反思[J].史学月刊,2009(9):87.

性”中的“客观”一词是从认识论角度加以分析的，是与认识的主观性相对立的一种认识的客观性，所以，历史认识的客观性中的客观本身就是主观的，只是周祥森换了一种说法而已。此外，周祥森在《反映与建构：历史认识论问题研究》（2010 年）①一书中详细论证了主客关系和历史认识论问题。

除此之外，庄国雄、马拥军、孙承叔合著的《历史哲学》（2005 年）②研究了历史本体论与历史认识论的关系，讲到了历史客观主义、历史主观主义，提到了主体和主体性问题、历史规律的性质和特点、历史的多样性和统一性，还分析了人文主义认识论和科学主义认识论。严建强、王渊明合著的《西方历史哲学：从思辨的到分析与批判的》（1997 年）③详细阐述西方历史哲学的阶段发展历程。刘家和所著的《史学、经学与思想：在世界史背景下对于中国古代历史文化的思考》（2005 年）④从历史学中的实例论证求真与致用的关系。

陈新在 2004 年发表《实践与后现代史学》，文中指出形式之真和内容之真各有所指，不能相互批驳，而应融合，两者的融合构成了整体之真。此外，陈新还认为，实践是检验历史叙述或历史表现是否真实的标准。因为这种真实性是根据个人在实际生活中的政治实践和伦理实践来检验的。因此，真实也随实践的效用在变更。⑤ 只是陈新把这种理论称为相对主义，没有进一步展开论述。例如，为什么只能是相对主义而不能是唯物主义呢？另外，陈新所著的《西方历史叙述学》（2005 年）⑥涉及时间观念、语言学转向、历史叙述的地位和作用、主体间性与历史解释的客观性、历史叙述中的主观性与历史评价、实用和求真的关系，是一部综合介绍历史哲学的著作。在此基础上，陈新于 2010 年出版《历史认识：从现代到后现代》⑦，其中论述了后现代主义历史认识，尤其是实验史学的提出，论述了宏大叙事的缺点是压制与其不相协调的经验，以便维

---

① 周祥森.反映与建构：历史认识论问题研究[M].开封：河南大学出版社，2010.

② 庄国雄，马拥军，孙承叔.历史哲学[M].上海：复旦大学出版社，2005.

③ 严建强，王渊明.西方历史哲学：从思辨的到分析与批判的[M].杭州：浙江人民出版社，1997.

④ 刘家和.史学、经学与思想：在世界史背景下对于中国古代历史文化的思考[M].北京：北京师范大学出版社，2005.

⑤ 陈新.实践与后现代史学[J].学术研究，2004(4)：20-21.

⑥ 陈新.西方历史叙述学[M].北京：社会科学文献出版社，2005.

⑦ 陈新.历史认识：从现代到后现代[M].北京：北京大学出版社，2010.

持自己的稳定性和一致性,保持它所谓的真实和客观,于是引入语言和非线性时间来解构宏大叙事,并批评宏大叙事导致的权力压制的危害。彭刚于2008年发表《相对主义、叙事主义与历史学客观性问题》①,从后现代理论基础论述客观性问题。彭刚的著作《叙事的转向:当代西方史学理论的考察》(2009年)②介绍了叙事、虚构、历史经验、历史感、相对主义、叙事主义、历史学客观性问题等内容。

### (二)国外研究现状

国外有一些文献是关于历史认识的客观性问题的提出、质疑与辩护的。沃尔什在《历史哲学导论》③中指出历史认识的客观性问题是指历史认识能否保证所有认真调查研究它们的人都能接受的问题,并指出客观性是一种号称有科学资格的知识必有的特点之一,由此历史认识的客观性问题引起人们的质疑。彼得·诺维克的著作《那高尚的梦想:"客观性问题"与美国历史学界》④,开头论证了客观性之于史学的重要性:客观性是史学存在的基石,如果人们失去了对客观性的追求,那么历史学的研究便失去了意义。布莱克在文章《历史学能客观吗?》⑤中指出:讨论历史学是否具有客观性是无意义的问题,除非指出有历史学家是客观的,否则我们不知道该问题意味着什么。安克斯密特在《历史表现》⑥第二章的"褒扬主体性"部分对客观性有独特而深刻的见解,指出并不是政治和伦理价值的引入造成对过去的歪曲,相反,过去的实在正好和价值彼此接近,以至于无法区分;安克斯密特在《崇高的历史经验》⑦第六章论述了主体与客体的关系,并认为以历史学家或我们为一方,以过去为另一方的主客体间性是一切历史意识与写作的发源地;《历史表现中的意义、真

① 彭刚.相对主义、叙事主义与历史学客观性问题[J].清华大学学报(哲学社会科学版),2008(6):28.

② 彭刚.叙事的转向:当代西方史学理论的考察[M].北京:北京大学出版社,2009.

③ W.H.Walsh.Philosophy Of History: An Introduction[M].New York:Harper Row Publishers,1967.

④ Peter Novic.That Noble Dream:The "Objectivity Question" and the American Historical Profession[M].Cambridge:Cambridge University Press,1988.

⑤ Christopher Blake.Can History Be Objective? [J].Mind,1955,LXIV(253):61-78.

⑥ Frank Ankersmit. Historical Representation[M].Stanford: Stanford University Press, 2001:33.

⑦ Frank Ankersmit.Sublime Historical Experience[M].Standford:Standford University Press,2005.

理和指称》①第十一章论述了主观与客观的关系。伯恩斯坦的著作《超越客观主义与相对主义》②也论及客观主义和相对主义。穆尔赫沃茨在《论客观性》(1988 年)③一文中把“客观性”区分为两种截然不同的定义:根据“唯心主义”的概念,在我们的判断中,客观性是一种主体间的一致,或者更谨慎地说是在理性论证的基础上的主体间的一致性;根据第二种“现实”的概念——客观性是“对物体的恰当性”或者是“与对象相关联”“代表事物本身的事物”“反映真实世界的事物”等。蒙斯洛从主体间的角度分析了历史认识的客观性问题和历史意义问题,他在《客观性和历史写作》(2002 年)④一文中指出:作为老练的建构主义者,历史学家通常不会问“历史可以是客观的吗”这一问题,相反地,他们从反映真理的主体间性的证据的平衡中找到推理者意向性的问题本质;关于历史意义问题,没有哪个历史学家会声称自己客观地定位了它的真正意义。

马丁·库施的文章《客观性和史学》(2009 年)⑤主要论述了客观性、伦理认识论和历史相对主义等,他提出“训练有素的判断力”,其训练有素的要求和沃尔什的认真调查研究类似。在文中,马丁指出训练有素的判断在很大程度上要归功于信心和专业培训,在训练过程中形成一个新的,不那么集中的,但更自信的科学自我,这是一个客观和主观不再完全对立的自我。主客之间的完全对立也是本书要反对的。

关于历史解释与理解,沃尔什在《历史重建中的真理和事实》(1977 年)一文中写道:“一旦我们承认,历史学家给我们讲述的不只是单纯发生的事情,还包括事情的起因,那么,建构过去和解释过去之间的界线就会变得模糊。……对于历史学家一心想建构的东西,与其说它是过去发生的一种平淡叙事,不如

---

① [荷兰]弗兰克·安克(柯)斯密特.历史表现中的意义、真理和指称[M].周建漳,译.南京:译林出版社,2015.

② [美]理查德丁·伯恩斯坦.超越客观主义与相对主义[M].郭小平,康兴平,赵仁方,等,译.北京:光明日报出版社,1992.

③ Felix Mühlhölzer.On Objectivity[J].Erkenntnis(1975- ),1988,28(2):185.

④ Alun Munslow.Objectivity and the Writing of History[J].History of European Ideas,2002,28(1-2):43-50.

⑤ Martin Kusch.Objectivity and Historiography[J].Isis,2009,100(1):127-131.

说是一种意蕴叙事。”①亨普尔的《普遍规律在历史中的作用》(1942 年)②和欧内斯特·内格尔的《科学的结构:科学说明的逻辑问题》③是关于解释问题的具有科学主义倾向的著作,其中相关章节涉及科学解释与社会、历史解释等问题。柯林伍德的著作《历史的观念》④、德雷的著作《历史哲学》⑤和加登纳的著作《历史解释的性质》⑥都讨论了关于历史解释的各种观点。雷克斯·马丁的著作《历史解释:重演和实践推断》⑦试图将分析哲学的行为解释理论和柯林伍德的“重演”理论加以综合分析。

其中,沃尔什的著作《历史哲学导论》分析了历史客观性提出的背景,并从个人偏好、集体偏见、有关历史解说的各种相互冲突的理论和根本的哲学冲突方面分析了导致历史认识不一致的原因,然后提出配景理论,并由分析偏见的作用和应用得出好的历史学或坏的历史学的结论,所以此理论下的客观性是一种弱意义上的客观性。

海登·怀特的著作《元史学:19 世纪欧洲的历史想象》⑧将历史写作的情节化模式作为切入点,指出历史写作的论证模式、意识形态蕴涵模式和喻义模式,揭示了以往被忽视的语言的存在,这无疑推进了我们关于史学的认识,同时也为我们理解史学与科学、文学的关系开拓了崭新的理论空间。该著作在辨别编年史和史学、历史叙述和历史叙事、历史事件和历史事实的关系方面也有独到的见解,使人们更为关注历史文本整体之真。

迈克尔·斯坦福的《历史哲学介绍》⑨多角度地介绍了历史的客观性问题

---

① W. H.Walsh.Truth and Fact in History Reconsidered[J].History and Theory,1977,16(4):70.

② Carl Gustav Hempel. The Function of General Laws in History[J].The Journal of Philosophy,1942,39(2):35-48.

③ [美]欧内斯特·内格尔.科学的结构:科学说明的逻辑问题[M].徐向东,译.上海:上海译文出版社,2002.

④ [英]柯林伍德.历史的观念[M].尹锐,方红,任晓晋,译.北京:光明日报出版社,2007.

⑤ [美]威廉·德雷.历史哲学[M].王炜,尚新建,译.北京:三联书店,1988.

⑥ [英]加登纳.历史解释的性质[M].江怡,译.北京:文津出版社,2005.

⑦ [美]雷克斯·马丁.历史解释:重演和实践推断[M].王晓红,译.北京:文津出版社,2005.

⑧ Hayden White. Metahistory:The Historical Imagination in Nineteenth Century Europe [M].Baltimore:Johns Hopkins University Press,1973.

⑨ Michael Stanford. An Introduction to the Philosophy of History[M]. Oxford:Blackwell Publishers Press,1998.

的重要性以及对史学客观性的解构和瓦解的相关知识,介绍了历史真理的相关表现及历史证据、历史结构和历史中的因果分析,介绍了历史解释和说明、历史意义以及语言学转向的影响等问题,书中内容新颖且全面。斯蒂芬·高克罗格的《客观性简介》①一书指出了客观性最具争议但同时又具有很高价值的含义是权威性,并认为科学被看作最纯粹的客观性,客观的知识是要求得到共同认同的知识,即认识论上的主体间性。此书虽为简介,但论述问题有理有据,观点鲜明,亦是本书所要参照的。

## 五、写作思路

本书共分四大部分,首先,在辨明相关词义的前提下分析"历史认识的客观性问题"提出的本意,在指明本意是为了给历史学科在科学领域或学术领域争得一个合法地位之后,接着从自然学科和历史学科的共同点和不同点入手,分析历史学科对自然学科研究方法的参照手法及其独特性所在。其次,在认识论上,"客观性"一词可以从认识的一致性认同角度分析,也可以从符合论角度分析,因此,本书论述一致性认同在判断学科科学性和学术性的同时,也指出一致性的阙如并非判断具有属人性质的史学是否具有科学性和学术性的绝对标准。再次,也指出人们在生活实践中获得的一致性认同原则是史学书写形式之真的外在保障,而经严格考证后的史实一致性的认可原则从符合论角度分析乃是史学求得内容之真的根源。最后指出,既然史学的一致性要求和史学单纯追求内容之真和形式之真的愿望皆有缺憾,那么,客观的一致性标准或单纯的客观真实性标准就不是评判史学优劣的唯一标准,史学应有自己独特的标准和内涵要求。

本书首先提出历史认识的客观性问题的由来及受到质疑的原因,即从对"客观性""历史""偏见"三个词的定义分析入手,指出历史认识的客观性成为问题的原因之一在于定义不清,尤其在分析"客观性"一词的定义后指出一致性认同对判断一门学科的学术地位和科学地位的重要性,接着引出历史认识

① Stephen Gaukroger. Objectivity: A Very Short Introduction[M]. Oxford: Oxford University Press, 2012.

的客观性问题的来源及提出的背景。其次，分析史学应对这些质疑的辩护思路，即通过逻辑与心理区分、历史构图、历史评价、历史解释和理解以及思维模式的一些理论分析，得出结论：认识一致性对学术研究的重要性，在于其缺失是诊断相关学科认识客观性程度的理论症候。但是，和一切概念或观念一样，客观性亦有其特定的局限性。对于史学来说，认识的相异而又相宜的结果正是史学存在的必要性和魅力，一味或强行追求一致性反而可能蕴含权力或学术共同体扭曲史学研究方向的负面效应，偏离史学的研究方向；同时，在分析一致性的相关问题时涉及历史规律的正负影响效应，我们认为在宏观历史叙述中关于历史规律的探讨有其重要性，但在微观历史层面上对宏观历史规律的兴趣往往会遮盖对历史中的个体及其价值追求的关注。再次，分析历史之真的重要性，历史之真分为史料之真实和文本之真实，经过分析最后得出结论：史料的真实是史学研究的基础和起点，但一味追求史料的真实就会使史学退化到史料学；而一味追求文本的真实也会把史学引向文学或小说的错误方向，所以虽然史学求真很重要，但是一味求真会偏离史学的方向。最后，指出客观性不是史学的唯一评判标准，要注意多样性和启发性。所以，客观性是优秀史学著作的必要条件而不是充分条件，思维模式也要由主客二分上升到主客一体化，用本体论上的主体间性思维模式分析史学是史学研究的必然。

第一章首先分析“客观性”概念在本体论、认识论等不同维度上的复杂性，明确本书所侧重的是认识及语言层面上的客观性问题，并从中引出历史认识的客观性遭到质疑的原因；接着从该问题提出的背景入手，指出该问题提出的基本动机是为史学的学术地位和科学地位进行辩护。我们认为，尽管历史认识的客观性问题一直遭到怀疑论者和相对主义者的质疑，并且史学至少在宏观认识层面上不具有自然科学那样严格的认识一致性即客观性，但无论在学术规范还是学科共识方面，史学并非完全缺乏客观性。此外，作为非实践性人文学科，思想与认识的相异但相宜形成的参差多态正是史学独特的魅力之所在。探寻史学的意义，解释史实中隐藏的精神与价值，发现并创造史学的价值是我们每个历史研究者的责任和应有的担当，当然也不能否定探究事实真相、终身致力于考古与考证事业的史学工作者的勤奋与努力，正是他们的努力才使得我们进行史学理论研究时有充足的可靠的史料作为依据。本书之所以没有用大量篇幅去论证考据史料之艰辛，是因为在史实方面，由于有一套可靠的考证办法，历史学家不难达成与自然科学同行同样的认识一致性，在此在客观性方面不存在原则性的问题，从而无须多论。

第一章最后一节着重将主客对立作为一种思维模式进行辩证分析而非简单否定，具体考虑是对主客二分和主客对立加以概念上的区分，避免由此导致的思想混乱和误解。在此我们借鉴了张世英教授的相关观点。他认为："哲学乃是教人超越（不是抛弃）主客关系，在更高的基础上回复到不分主客、人与世界融合为一的整体。"[①]这里提出的是超越，不是排斥和抛弃。例如，在精神世界的体验中双方可以互为主体、相互借鉴，而不是一方是主体，另一方是外在于主体的纯然的客体。在中国，体现"万物一体"思想萌芽的如"《孟子·尽心》篇即出现了'万物皆备于我'一语"[②]。因此认识要从主客二分上升为主客统一，感情既然已经上升到主客一体的境界，为什么不把认识的客体也当成主体来交流呢？我们在感悟自然物时，当感情升华到一定程度，尚且会有"感时花溅泪，恨别鸟惊心"和"相看两不厌，只有敬亭山"的感触；在研究人类现象时，如果感情升华到或者历史感强烈到一定程度时，我们把需要研究的人类的精神现象当成主体来交流不也是很合理的吗？这时的历史研究就从认识论上升到存在论层面，从认识论的主客二分到主客一体再上升到本体论的主体与主体的平等交流和对话，这样就回到了本真状态下的历史研究。所以，真正的历史认识结果本身就不是一种外在的认识结果，而是内在的、客观的理解的结果，是没有外加因素限制的结果。从主客一体上升到本体论的主体与主体的平等交流和对话，不仅解决了事物的真，还把事物的善和美也有机地统一起来。

第二章"史学求真的曲折历程及影响"，首先指出史学求真包含求史实之真和求历史书写结构之真，也可以称之为史学所求内容之真和形式之真。其次分析客观主义（此处的客观主义即片面和极端客观性的主张，其名称来源及其特征详见该章相关论述）史学的主张，由于其追求历史描述的一致性目标，所以闭口不谈历史规律，只是强调史料的搜集和考证，把历史学按史料学标准对待；由于他们主要重视官方资料，如果他们借着历史真相之名或打着科学的

① 张世英.哲学导论：第三版[M].北京：北京大学出版社，2016：45.

② 姚才刚，张黎."万物一体"思想的新发展：以明儒蒋信为中心[J].哲学研究，2017(8)：46.

旗号却在张扬着自己的价值偏好，那么他们主张的这种客观性其实是最主观的且具有隐蔽性的价值渗透。再次，关于追求文本之真，强调如果只是关注文本结构而不考虑其是否适用于文本所描写的内容，就会导致一种知性思维方法，如果采用主客二元对立的方法，就会形成一种用先验结构来压制甚至宰制对象客体的历史书写状况。最后，论述史实的真实性是史学的基础，但史学的精神所在，是以史实为起点，以阐释与论断为更高追求，因此，执着于"真"而在史料层面裹足不前是没有出路的。

第三章在围绕客观性问题展开的讨论之外进一步提出"客观性并不是评判历史学优劣的唯一标准"的论点与思路。首先指出在客观主义史学和实证主义史学思想的影响下，追求史实的客观真实性一时成为近代史家如兰克等人的首要学术追求。到 20 世纪后半叶的后现代主义史学，客观真实性、普遍一致性和规律的普遍适用性都已不再是史学的最高要求，而对变化、信仰或人性的把握，对差异性的维护才是其标准，后现代主义史学思想中的客观性须在这样的关系系统中才能获得定位，但是我们也需对后现代主义史学中过于绝对的理论加以修正。

接着指出历史真实与历史想象的关系，正如罗素所言：历史学首先是其真实性，这是其所有其他价值的基础和条件。[①] 在此基础上，罗素又指出想象的重要性。[②] 安克斯密特也指出"真只是表现的起点，却不是其终点"[③]。史学在真实性的基础上，可以发挥合理的想象，使史学更完善、更深刻。所以要借鉴后现代主义史学中的合理成分，要处理好与历史叙述相关的因素，以便既维护其差异性但又不失其科学性。

---

① ［英］罗素.论历史［M］.何兆武，肖巍，张文杰，译.桂林：广西师范大学出版社，2001：1.

② "还有另一种更大的用处也是属于历史学的。它能扩大人们的想象，并且提示对于一个未经训练的头脑所不会呈现的种种行为和感情的可能性。它从过去的生活中选择出来种种重要而有意义的成分；它用光辉的范例，它用渴望着要比无所傍依的思考所可能发现的更加伟大得多的目标来充实我们的思想。它把当前联系到过去，从而也就把未来联系到当前。它使得各个民族的成长和伟大，成为活生生的、历历可见的东西，使我们能把自己的希望伸展到我们自己一生的跨度之外。历史的知识就以所有这些方式而能赋予政治家的广度并赋予我们的日常思想以一种那些其视野只局限于当前的人们所无法达到的范围。"［英］罗素.论历史［M］.何兆武，肖巍，张文杰，译.桂林：广西师范大学出版社，2001：6.

③ ［荷兰］弗兰克·安克斯密特.历史表现［M］.周建漳，译.北京：北京大学出版社，2011：11（译者序言）.

例如,要处理好语言与真实的关系——语言或文字不只是符号,也代表实在,一定条件下的替代物也是真实的再现。

要处理好历史表现中的逻辑与修辞的关系,因为“科学解释的本质是逻辑论证,而历史解释在本质上是修辞的”[①]。但是,逻辑与修辞在“求真”方面还具有一致性,两者都可以用来表现真实的历史,只是表现途径不同而已。运用归纳和演绎可以探寻到事物的真理,运用修辞也可以找到事物的真理,安克斯密特提出隐喻真理,怀特认为隐喻是真理之源,只是修辞的使用却因人而异,很难做到一致性,但是也与真实有关。所以,对待逻辑与修辞的关系不能用二元对立的思维模式,应该用二元对立统一的思维模式,两者统一于同一历史文本的写作中,相辅相成,共同为史学服务。

要处理好历史研究中的绘画表现。安克斯密特使用绘画来比喻历史写作的关系,使得人们认为安氏有历史学图画转向的意味。

要处理好历史研究中的时间依据,不要单纯按经典物理学的线性时间概念研究历史,可以按照历史时间、三维时间或者是长时段、中时段和短时段理论来叙述历史事件,因为历史叙述是直线的,人们的行动是立体的,即使叙述再多样化,总不如现实所能体验的真实和立体。

要处理好历史的选择性与历史整体性的关系,处理好历史选择的可能性与规律的必然性的关系,不能简单地以历史不容假设为借口,阻止去探讨历史的可能性。其实,我们看到的历史事件只是历史选择的一部分,甚至其选择并不是最优的一部分,这启示我们要谨慎对待历史事件,更要学会借鉴历史而不是照搬历史。

## 六、创新之处

关于历史认识的客观性问题,很多论著从认识主体和认识客体的关系来论述怎样解决该问题,以及论述怎样化解主观性和客观性的对立,其思维模式主要集中在主客二元对立上。也有主张用主客一体或主客统一思维模式来论述该问题的,而本书主张从主客二分上升到主客统一或主客一体化的思维模

① 周建漳.历史哲学[M].北京:北京大学出版社,2015:182.

式之后,认识还应该上升到主体与主体之间的交流与对话,此时主体间性就不再是认识论上的主体间性,而是本体论上的主体间性,因为认识论上的主体间性说到底还是对主客之间反映的一种共同认同,其实还没有脱离主客关系。本书从分析模拟物的替代作用入手,得出历史认识可以通过替代物的中介作用实现研究者主体与对象主体之间“面对面”的交流,进而得到关于过去的知识,这是一种本体论上的主体间性。

在分析主客二分时,本书专门区分“主客二元区分”和“主客二元对立”的关系,以免造成不必要的误解,因为有时我们提出“主客二分”思维的弊端有哪些时,实际上是想说“主客对立”思维的弊端有哪些,为此指出两者的区分很有必要。比如翻译“dualism”一词,我们一般翻译为“二元论”,其实该词在多数句子中要表达的意思是“二元对立”。另外,本书在阐述主客对立思维模式时也不是一概否定该思维模式,而是辩证分析其优劣。最后,本书还列举了一系列的二元区分(对立)的具体表现并适当加以分析。比如解释与理解的二元区分、对立与融合,逻辑与修辞的对立与统一,形式与内容的对立与统一,现象与本质的对立与统一,现实性与可能性的对立与统一,等等,旨在说明单纯的主客对立思维模式是错误的,也是导致世界异化的思维根源,所以该思维模式不适合用于历史学研究。

本书在分析“客观性”的定义时,是在认识论层面上分析“客观性”的定义,以区别多数研究者从本体论层面上展开的论述。

本书不足之处在于,对“历史认识的客观性问题”仅从认识一致性方面展开论述,主要论证历史认识的不一致性问题并不影响历史学科的学术性和严肃性问题。至于其他方面问题,由于能力和时间有限,本书暂时悬置,以待今后在学术上进行完善。

# 第一章

# 历史认识的客观性问题的提出及辨析

沃尔什将历史认识的客观性问题称为"批判历史哲学最重要而又最棘手"[1]的问题。该问题之重要在于对其解决的好坏直接影响到史学作为一门学问(科)的学术地位或科学地位,棘手之处在于其辨明定义之繁与解决之复杂。该问题提出后,引起了人们无休止的争论与质疑,争论声中由于定义不清问题又引出其他问题之争,而质疑声中主要是关于史学客观性的怀疑主义和相对论的质疑。本书经过辩证分析,发现此类质疑最终是不成立的,但是此类质疑也引发人们对过去历史学研究方式的反思。因此,维护史学的客观性是史学发展的基础,但是一味追求客观性,会失去史学本有的深刻性、创造性及丰富性等合理性要求。

① [英]沃尔什.历史哲学导论[M].何兆武,张文杰,译.北京:北京大学出版社,2008:95.

## 第一节 “客观性”与“历史”的定义辨析

“历史”概念一词多义，而“客观性”概念又可以从本体论和认识论上来理解，因此，对定义理解的不同导致分析问题的理论依据不同，引起对历史认识的客观性问题的解决方案众说纷纭，各执己见，各派学者都认为自己言之有理、有据，其争讼结果虽能解决部分问题，但亦会造成个别纷争频仍，因此，界定概念才是决疑止讼和进行论辩的前提。

### 一、“客观性”的定义辨析

客观性作为理论概念，从本体论层面分析，唯有物质实体才具有此特性，而人之精神与思想则归诸主体，双方并无关涉。[①] 可是，客观性在认识论层面上就一定与人有关涉，既然是认识，当然是人的认识，人的认识又有正确与错误之分，因此，本体层面上同属主观的精神、思想进而在认识论层面上则区分出认识上的客观性或主观性，这就是本书的理论核心之处，即“历史认识的客观性问题”乃是从认识论角度展开论述，而非从本体论角度加以扩展，从认识论角度分析客观性可以从以下几个方面展开论述。

① 参见周建漳.历史哲学[M].北京：北京大学出版社，2015：193.

### （一）"客观性"的实在论定义分析

从符合论角度分析认识的客观性是依靠认识与外界客体之间的正确反映、歪曲反映作为判断标准的，此客观性暗含以客观实在为中心，若是客观的认识即认识分有该客体实在性，即符合该客观实在，这种体现符合论特征的客观性称为客观性的"实在论定义"。①

但是，依此反映或符合作为认识正确与否的判断标准是有条件限制的，并不能推及其他领域，只有客体具有当下的可重复性，这种分有理论作为判断认识正确与否的标准才确实有效，但是一旦超出当下感性经验的层面，当客体并不存在时，作为判断标准的符合论由于直接比照对象之缺失会遭遇理论困境；在依靠理性推理探究事物的本质与规律时，认识客观性亦难以通过主客间外在参照、符合关系达成与检验；此外，当我们并不能完整地观看事物时，即使认识符合自己所能观看到的事物，但由于本人视域的限制，我们得到的只是片面之真而非整体之真，"盲人摸象"故事中盲人的各自表述在各自触觉感知的领域不能说是错误的，但在明眼人看来其言论作为事物整体之判断实乃错误判断。因此，普特南认为，符合论需假设有"神目观"（God's eyes）的存在②，即对事件的单个陈述之真并不能保证整体叙述之真，这说明客观性的"实在论定义"在实际操作上有其内在局限性。

### （二）"客观性"的方法论定义分析

符合论操作标准的局限性说明符合论仅仅是判断认识正确与否的标准之一，并非唯一，此外，还可以从实践的角度判别认识，即把需要判别的认识放到实践之中，看其预期效果如何而做判别，如有效即为客观，无效即为主观，此时，认识是否客观，端赖其在实践中能否行得通。此标准正是"实践是检验认识正确与否的唯一标准"的现实应用。其实，自然科学具有无可置疑的客观性并不全然在于符合论标准所确定的与外界客观实在的符合，更在于自然科学在实践应用中产生了预期的科学效果，即其技术成果转化的实例是其作为客

---

① 参见周建漳.历史哲学[M].北京：北京大学出版社，2015：193-194.

② 参见[美]普特南.理性、真理与历史[M].李小兵，译.沈阳：辽宁教育出版社，1988：81.

观性的标准依据。[①] 这种体现效用论特征的客观性可以称为客观性的"方法论定义"。

"实在论定义"和"方法论定义"的标准都是以主体与客体之间的关系为依托来对认识加以界定的,这两种方法具有明显的自然科学背景,也就是说,在自然科学领域,认识与对象的符合以及经由特定方法如实验结果或科技转化成果能保证自然科学领域中认识的客观性具有其现实基础,而在人文学说尤其是史学领域,由于史实的过去性和现实生活中单一参照系的阙如,导致实证甄别机制和手段的缺失与不完满,我们并不具有足以保证认识客观性结果的统一方法论程序。

### (三)"客观性"定义的主体间性分析

认识的客观性的正面界定是"实在论"或"方法论"意义上的主客之间的一致性或有效性。其中,认识的有效性本身又蕴含着认识的一致性,因为通过实践之后产生有效的认识结果能在认识的争执中产生决疑止讼、殊途同归的作用,所以,认识的客观性在"实在论"或"方法论"意义上都表现出认识的一致性的特征。反之,认识的客观性在负面意义上,即认识的客观性成为人们所质疑的问题,其现实表现就是学术共同体内部认识一致性的缺失。正因客观真实的认识通常具有一致同意的特征,所以一致同意就成为思想客观性有无的重要表征与判据,从而在引申意义上成为客观性概念的又一规定性,[②]即"保证所有认真调查研究它们的人都能接受"[③]。与此观点类同的有布莱克的观点,他认为:"将某些事物称之为客观的,即隐含着其他人——有理性的人——将会接受它。"[④]因此,主体之间认识的一致性也是客观性的一个重要特征。

如果认识能够在主客二分基础上,参照并合理运用符合论、融贯论和效用论的评价标准,且充分考虑到不同主体之间的认识,在综合以上标准的基础上

---

① 参见周建漳.历史哲学[M].北京:北京大学出版社,2015:196-197.

② 参见周建漳.历史哲学[M].北京:北京大学出版社,2015:197.

③ [英]沃尔什.历史哲学导论[M].何兆武,张文杰,译.北京:北京大学出版社,2008:92.

④ Christopher Blake. Can History Be Objective? [J].Mind,1955,LXIV(253):66.

得到的认识,就是可靠的认识,甚至是真理性的认识。因此,在这一层面上分析,"'客观性'一词还是广义的描述词,可以用以描述认识正确性、合理性、可靠性、权威性乃至一致性、主体间性等一组概念的共名,在这一意义上……认识的客观性主要是在广义上作为真理性或科学性的代名词来理解的"①。

纵观以上论述,关于客观性,有广义和狭义之别。在广义上,客观性等于科学性和真理性,狭义上的客观性涉及实现主客统一的可能性和一定程度上的主体间性。穆尔赫沃茨认为:"在哲学和非哲学文献中,无论是明确的还是字里行间,都能找到两种截然不同的客观性观点。即根据'唯心主义'的概念,在我们的判断中,客观性是一种主体间的一致,或者更谨慎地说是在理性论证的基础上的主体间的一致性;根据第二种'现实'的概念——客观性是'对物体的恰当性',是'与对象相关联''代表事物本身的事物''反映真实世界的事物',等等。"②

### (四)"客观性"定义的其他因素分析

有必要指出的是,除了上述关于"客观性"的描述,"客观性"概念还包含其他的可能含义。"客观性一词的普通意思绝不是一种精确的描述……普通的历史编纂学中该词是一个混合意思,包含有爱真理、公正、合情合理、没有责备或报复的冲动、没有不可告人的动机;但是特别的地方是,在历史领域中客观性并不意味着价值判断的缺失"③。客观性是指"不带偏见和倾向地表述'真实的事实'"④。"在一般情况下,公正一词常常被当作客观性的同义词来使用"⑤。客观性最有争议但同时又具有很高价值的含义是权威性;或者客观的知识是要求得到共同认同的知识,即认识论上的主体间性;科学被看作最纯粹

---

① 周建漳.历史哲学[M].北京:北京大学出版社,2015:194.

② Felix Mühlhölzer.On Objectivity[J].Erkenntnis(1975- ),1988,28(2):185.

③ Harry Ritter.Dictionary of Concepts in History[M].Westport: Greenwood Press,1986:303.

④ [美]彼得·诺维克.那高尚的梦想:"客观性问题"与美国历史学界[M].杨豫,译.北京:生活·读书·新知三联书店,2009:32.

⑤ [美]彼得·诺维克.那高尚的梦想:"客观性问题"与美国历史学界[M].杨豫,译.北京:生活·读书·新知三联书店,2009:99.

的客观性[1]。《历史科学基本概念词典》把客观性限定为一种规则性的观念和理想，假如无此类观念及理想，则无法定义科学[2]。阿兰·梅吉尔把客观性分成四类，即“绝对的客观性、学科的客观性、辩证的客观性和程序的客观性”[3]，并分别赋予它们涵盖的范围，以此廓清客观性的不同含义。保罗·利科认为，“对我们来说，客观性首先是作为历史的科学目的。现在，它标志着历史学家好的主观性和坏的主观性的区别。这样客观性的定义就从‘逻辑上的’变成了‘伦理道德上的’”[4]。

最后，还要辨明客观实在和客观存在的关系：“客观实在”是意识以外万事万物的共性，是物质的根本特性和唯一特性，不依赖于人们的意识，此条件下的主观思想与客观物质是绝对对立的；“客观存在”既包括客观实在的物质，也包括精神和意识。此处思想之所以作为客观存在是相对于研究者的主观思想而言的，因其不依赖于研究者的主观思想而存在，所以称其为客观存在。正因如此，要从不同语境条件下分析主观与客观的意思，不能一提到客观就把主观排除在外，因为客观存在和客观评价其本身都包含主观思想。此外，主观思想既是一种客观存在也是一种对另一客观存在的反映，但是有如实反映（此时人们把这种反映叫作客观的反映），也有歪曲反映（此时人们把这种反映叫作主观的反映）。如果是如实反映，此时，也可以称之为客观的认识。

在认识论层面，客观性和偏见的表现是对立的，但是，“偏见”词义的演变也是引起“认识客观性”争议的原因之一。“偏见”的原意应该是伽达默尔论述过的“前见或先见”，这样理解“偏见”的原意就会减少因其引起的争议。其实，“‘偏见’是同两种意义联系在一起的：第一，它被理解为历史学家针对其研究

---

① Stephen Gaukroger. Objectivity: A Very Short Introduction[M]. Oxford: Oxford University Press, 2012: 2.

② “客观性可以被理解为关于自然与人类历史的陈述所拥有的现实性和（或）可期待性——这种陈述与陈述对象相联系，可接受主体之间的核实，并在方法上可取，而且其研究对象最有可能摆脱评论者的主体特性。对于许多研究者而言，‘客观性’不是事实，而是一种规则性的观念和理想——假如没有这些观念和理想，人们就无法定义科学。”[德]斯特凡·约尔丹.历史科学基本概念词典[M].孟钟捷，译.北京：北京大学出版社，2012：198.

③ Allan Megill. Historical Knowledge, Historical Error: A Contemporary Guide to Practice[M]. Chicago: The University of Chicago Press, 2007: 114.

④ Paul Ricoeur. History and Truth[M]. Evanston: Northwestern University Press, 1965: 31.

对象所采取的评价式的、倾向性的立场。这种‘偏见’清楚地体现在历史学家运用规范性和道德性的价值评价之中。这些历史学家用另外一种标准来作为描述和解释历史世界的规范。当这种‘偏见’概念产生越来越多认识理论上的问题时,第二种‘偏见’概念便具有了越来越大的实践意义。在这一层次上,偏见被理解为或多或少地、有意识地曲解、扭曲、缩短以及有意弯曲历史陈述,以为科学之外的机构服务——这些机构作为教条式世界观的管理者与解释者,规定并纠正历史学家的研究结果”①。因此,“客观性”的多层含义与“偏见”的两层含义不仅会使交谈双方产生困扰,就连单个人在使用时的习焉不察也会出现前后不一致的情况,所以,必要时需根据语境判断词义。比如:“人类历史的客观性”与“历史认识的客观性”中的“客观性”的含义是不同的,前者的客观性体现的是本体论意义上的人类历史本身的本性,后者的客观性体现的是认识论意义上的对历史本性的正确认识或如实反映。②

## 二、“历史”的定义辨析

作为“历史认识的客观性”的组成部分,在分析“客观性”之后,我们对“历史”一词也有必要加以分析。关于“历史”的理解一点不比“客观性”简单,我们在此仅选取部分定义作为参考。兰克认为“历史是表达出事情曾经真正地是个什么样子”③;伯利说,“历史就是科学,不多也不少”④;欧克肖特认为,“一次性的历史事件一旦被认定为普遍规律的具体特例,历史学就被人为抹杀了”⑤。但是概括起来主要是三种定义,一种是过去人类活动的全体;另一种是人们对人类过去的构建、叙述和说明;还有一种是“拟将当下实时的历史称为

---

① [德]斯特凡·约尔丹.历史科学基本概念词典[M].孟钟捷,译.北京:北京大学出版社,2012:198.

② 参见袁吉富.历史认识的客观性问题研究[M].北京:北京大学出版社,2000:134.

③ Fritz Stern. The Varieties of History: From Voltaire to the Present, Edited, Selected, and Introduced [C].New York: Meridian Books Inc,1956:57.

④ J.B.Bury. The Science of History, An Inaugaul Lecture Delivered in the Divinity School On January 26,1903[M].Cambridge: Cambridge University Press,1903:42.

⑤ Michael Oakeshott. Experience and Its Modes[M].Cambridge: Cambridge University Press,1930:52.

历史Ⅰ,相应地,将过去意义上的历史称为历史Ⅱ"[①]。其余的讨论都是在这三类划分中进行的,如何兆武把历史学划分为历史学Ⅰ和历史学Ⅱ,"历史学Ⅰ是科学,历史学Ⅱ是哲学。就此而言,历史学家的哲学思想就远比史料的积累更为重要得多"[②]。相应地,仿效对历史的划分,我们对偏见亦可划分为偏见Ⅰ、偏见Ⅱ,对客观性可以划分为客观性Ⅰ、客观性Ⅱ、客观性Ⅲ和客观性Ⅳ,以上分类在研究问题时可以廓清概念,界定论域,明辨方向,便于探讨与争鸣,找出症结,以免以偏概全,引起不必要的误解。但是,由于历史认识本身的特性即"关于过去的客观知识只能通过历史学家主观的经验而获得"[③]和客观性本身的特点,必要的划分有利于学术研究和分析具体事例,但由于语言习惯使然,我们在使用这些词语时还是要根据语境进行分析,这是"历史认识的客观性问题"棘手的语义学分析。"矛盾的是,在最后的分析中,隐喻历史哲学的根本问题是尽管它关注的是历史的语言维度,但它已经忘记了阐明'历史'这个词的语言根源。对于希腊单词'历史'的最初意义来说,历史不是故事,而是探究。因此,每当历史叙述被描述为'真实的故事'时,重点应该放在形容词上,而不是放在名词上。"[④]

最后,尽管"历史认识的客观性"一直遭到怀疑论者和相对主义者的质疑,但是它至今仍然保留着高贵的地位。

---

① 周建漳.历史哲学[M].北京:北京大学出版社,2015:50.

② 何兆武.历史与历史学[M].武汉:湖北人民出版社,2007:9.

③ Fritz Stern.The Varieties of History:From Voltaire to the Present,Edited,Selected,and Introduced[C].New York:Meridian Books Inc,1956:25.

④ Chris Lorenz. Can Histories Be True? Narrativism, Positivism, and the "Metaphorical Turn"[J]. History and Thoery,1998,37(3):329.

## 第二节 对历史认识客观性的辩护

在作为本体论学说的思辨历史哲学阶段，历史认识的客观性问题并未被列入历史哲学家的议程，或者说历史认识的客观性是被当作不言自明的前提。1874年，布莱德雷出版《批判历史学的前提假设》一书，其中首次提出和探讨了历史认识如何成为可能的问题，标志着历史哲学从本体论开始转向认识论。布氏认为，历史学总要建立一种前提假设，同时他还认为："历史学在其被冠之以'批判的'名称时，就预先假设了有所谓的'客观的'和所谓的'主观的'成分在内。"①"于是史学研究便从追求本体论上的历史转到探讨历史知识的性质上来"②，正如其所言，历史学总是建立在一种前提假设上，面对同样的史料，史学家有不同的理解，于是客观一致的历史认识就成为人们关注的焦点之一。沃尔什认为，历史认识的客观性问题是指历史认识能否"保证所有认真调查研究它们的人都能接受的问题"③，由此，从认识的一致性即认识论上的主体间性出发，探讨历史认识的客观性问题成为史学的重点与难点问题之一。那么，该问题提出的具体背景如何？

① ［英］F.H.布莱德雷.批判历史学的前提假设［M］.何兆武，张丽艳，译.北京：北京大学出版社，2007：12.

② 参见［英］沃尔什.历史哲学导论［M］.何兆武，张文杰，译.北京：北京大学出版社，2008：220.

③ ［英］沃尔什.历史哲学导论［M］.何兆武，张文杰，译.北京：北京大学出版社，2008：92.

## 一、对怀疑论与相对主义的回应

怀疑论者认为:“每一个历史学家都是从他自己的观点看待文献或证据的,他的价值观、标准和兴趣爱好极大地影响着他关于过去的说法,结果,不同的历史学家给出不同的关于过去的解释。他们的‘偏见’将决定或影响他们关于过去的解释,但是他们怎么去决定哪一个解释是正确的呢?”[①]怀疑论者与相对主义者以每个人都有自己独特的价值观及个人偏见为由来反对历史认识的客观性,其实这是把“心理的东西”与“逻辑的东西”相混淆的结果。[②] 现实中,认识的客观性并不在于彻底消除主观性,积极的主观性反而是认识飞跃的必要条件,如“观察渗透理论”条件下的正确理论、创新型理论反而促进认识的发展,史学也一样,新的史学理论让我们观察到了新的史学现象。至于消极的主观性因素,可以设置外在的检验与反驳之类的经验实证机制,以对认识结果有客观性的甄别手段来保证认识的客观性。[③]

贝克尔认为历史学家不直接与过去的历史事件接触,他能接触到的只是一种记载,既然是记载,那么就是人们对过去事件进行想象性再现的象征而已,同样,既然是象征,那么对其真假之评定就是危险的,因此,历史事实只存在于人们的头脑中,否则就不存在于任何地方。[④] 贝克尔看到了人们重建历史事实的重要性,也看到其间想象之重要,但是他还是混淆了历史认识与历史事件、历史事实与历史事件的关系,进而使历史事实变成了一种完全属于观念的东西,摧毁了历史学的根基——事件的真实性。

此外,历史怀疑论者还认为:“关于过去的证据是破碎的,关于过去的解释是主观的,过去不是一个当下视角下的客观物体……对过去的证据缺少共同认可的态度并且持一种爱挑剔的态度,认为历史研究中没有共同的道德价值

---

① Jack W. Meiland. Scepticism and Historical Knowledge[M].New York:Random House,1965:35.

② Morton White. Can History Be Objective? [M]//Hans Meyerhoff.The Philosophy of History in Our Time. New York:Doubleday Anchor Books,1959:199.

③ “只要存在关于认识客观性‘检验与反驳’之类的经验实证机制,则个体的主观性不足以危害具有客观性认识的达成。这一思路与通过制度安排而不是寄希望于人的主观善意或修养达成政治清明有异曲同工之妙。”周建漳.历史哲学[M].北京:北京大学出版社,2015:202.

④ [美]卡尔·贝克尔.什么是历史事实[M]//张文杰.现代西方历史哲学译文集.上海:上海译文出版社,1984:229-231.

标准,或者否认历史规律的存在,或者否认历史发现模式的存在。"①怀疑论者通常"否认能获得关于过去的知识,即使是在依据证据的情况下"②。

历史相对主义者认为,由于每个人都有自己不同的标准,因而面对同样一段历史,总是能够得出一个以上不同的甚至对立的历史构图、历史解释和评价,因此,也不能实现历史认识的客观性,或者只能实现一种仅是弱的客观性的结果。

正因为怀疑论和相对主义直接威胁到历史学的学术地位,所以,需要提出"历史学认识的客观性问题"来消解其质疑。

## 二、坚持"史学客观性"的意义

客观性可以被理解为在方法上可取,其并非事实而是具有规则性的观念和理想,并依此规则来最大程度地摆脱叙述者的主体特性,且依此规则来定义科学。③ 因此,"客观性"与"偏见"在此语境下是两种截然对立的认识规则。在此,"客观性"意味着追求或坚持的一种认识态度、方法,尤其是一种主体间认可的认识结果,而此种态度和方法是公正无私且一视同仁的,既能传达于人且可重复进行。④ 自然科学中的这种思维已经达到了高度的客观性,所以我们通常能期待着凡胜任的科学家都能依据相同的材料得出相同的结果,而该结果便是认识的客观性结果,或可称为认识的真理性和科学性。当然要达到认识的一致性,仅有"正心诚意"的认识态度是不够的,还要有一套规范的研究方法,该方法要求研究者倾注自己的心血在严格的学术训练前提下运用严格的操作方法得出认识结论。依此,客观性"乃是在任何一种可以号称有科学资格的知识中所必定会有的特点之一"⑤。在此,客观性等同于科学性。换言之,不具备客观性特征的话语不足以称为学术或科学。康德认为"客观"一词乃是

① Harry Ritter. Dictionary of Concepts in History[M].Westport: Greenwood Press,1986:402-403.

② Jack W. Meiland. Scepticism and Historical Knowledge[M].New York:Random House,1965:4.

③ 参见[德]斯特凡·约尔丹.历史科学基本概念词典[M].孟钟捷,译.北京:北京大学出版社,2012:198.

④ [英]沃尔什.历史哲学导论[M].何兆武,张文杰,译.北京:北京大学出版社,2008:93.

⑤ [英]沃尔什.历史哲学导论[M].何兆武,张文杰,译.北京:北京大学出版社,2008:92.

"独立于任何个人的奇思异想且能够得到辩护的知识。如果该辩护在原则上能够被检验并被任何人理解,它就是客观的"①。因此,提出"历史认识的客观性问题"是为了确保历史学的学术地位或科学地位,是为了让历史研究取得和自然研究一样受人尊敬的地位,进而保证历史学科的科学性、合法(则)性地位。

莫兰认为:客观性乃科学共同体内部的一致同意。② 推而广之,"客观性意味着其他人——也就是说,理性的人们——会接受的"③,即"保证所有认真调查研究它们的人都能接受"④。沃尔什还指出:"如果你我都认可某一事实,除非你能证明我是错的,否则我们就只能认可这种基本的思维方式,并且也认可这些相同的初始数据。"⑤之所以都能接受或认可人们之间的共同点,其前提不仅仅是真实性的物质、事件的存在及其正确反映,还有人类共同认可的其他因素的内在,如对人性的认可、对情感的反思及对美好事物的追求等内在因素。单看此语境,主体间一致性能作为判断事物的标准,但是,也有人认为此标准会导致相对主义,但是沃尔什没有直接回应该质疑,仍然指出真实性源自认识主体之间的一致认同。其实毫无疑义,若一致性认同仅限于各认识主体所隶属的小圈子内部之认同,则相对主义的产生便在所难免,但若追寻更大范围内的一致认同性,则历史真实便是可预期实现的。⑥ 更大范围的主体间性,不仅包括当代人之间,还包括代际的一致性,如果达成此一致性之认同,则可以认定此历史事实之真实性。此外,林壁属认为能实现主体间一致性的原因在于交往实践的规范性。⑦

---

① Sal Restivo. Science, Society, and Values: Toward a Sociology of Objectivity[M]. Bethlehem: Lehigh University Press, 1994:175.

② [法]埃德加·莫兰.复杂思想:自觉的科学[M].陈一壮,译.北京:北京大学出版社,2001:26.

③ Harry Ritter .Dictionary of Concepts in History[M].Westport: Greenwood Press, 1986:306.

④ [英]沃尔什.历史哲学导论[M].何兆武,张文杰,译.北京:北京大学出版社,2008:92.

⑤ W.H.Walsh.Truth and Fact in History Reconsidered[J].History and Theory, 1977, 16(4):70.

⑥ 参见陈新.当代西方历史哲学的若干问题[J].东南学术,2003(6):118.

⑦ "人们的交往实践要遵循一定的交往规范。交往实践本身造就的交往规范系统约束着主体的交往实践。这些规范对于一定历史条件下的个人来说是既定的、不得不服从的,这种交往实践的规范性保证了认识过程的收敛性。认识的收敛性、有序性是认识超出主观片面性达到客观性的必要前提。"林壁属.历史认识的主体性与客观真理性[J].史学理论研究,1997(3):94.

当人们把判断历史事件的实在性或真实性的标准由传统的符合论、实用论转向认识论的主体间性时，那么，人们对历史学的真实性要求就由过去求其单个历史事件陈述之真转向历史叙述文本整体之真的内在要求，史学的认识视域便会逐渐扩大。①

## 三、为史学科学性做辩护

自然与人文学说之间的关系在近代之前并无明确的认识论壁垒，只是由于自然科学的进步，自然规律的观念逐渐渗入其他学科，16、17 世纪数理科学的进步影响到哲学研究以数理科学为对象而遗漏了历史学的局面，尤其是笛卡尔在《方法论》中竟把历史学排除于知识的领域，并且这一选择在他的哲学继承人中间普遍流行，当然也包括康德。② 在 17 世纪，自然科学在取得一定进步后又逐渐抛弃了新亚里士多德主义关于自然事件的内在论解释，而代之以外在因果实证性解释。③ 而此前关于自然的往往带有拟人化倾向的认识逐渐被精确化、客观化的认识所代替。到 18 世纪，反宗教神学思潮蔚为巨流，而历史学在中世纪直到近代初期是神学的历史观占统治地位的历史学，因此这次反宗教神学的巨流的冲击，历史学也在所难免。亦是在此背景下，维柯于 1725 年发表著作《新科学》，该著作“就是要在近代数学、自然科学长足进步的背景下为人文学说之为‘诗性的智慧’的学术地位辩护。(亦是)为了给史学的真理诉求提供认识论辩护，他提出著名的‘真理即创造’的观点，认为与自然科学乃是解读上帝用数学语言写就的‘天书’不同，对于作为人类之书的历史，我们可以获得比关于自然现象的外部解释更为深刻确定的内在理解”④，维柯努力要把历史学系统改造成为一门“新科学”，以唤醒人们的历史意识。19 世纪，自然科学获得空前伟大的成功，乐观的人们相信通过它获得的知识是精确的、客观

① 参见陈新.当代西方历史哲学的若干问题[J].东南学术，2003(6)：118.

② Hans Meyerhoff. The Philosophy of History in Our Time[M]. New York：Doubleday Anchor Books，1959：12.

③ Karl-Otto Apel. Understanding and Explanation：A Transcendental-Pragmatic Perspective (Studies in Contemporary German Social Thought)[M].Massachusetts：MIT Press，1984：30.

④ 周建漳.历史哲学[M].北京：北京大学出版社，2015：15.

的、可靠的和有用的，这就使得许多具有科学化倾向的历史学家在努力追求一种像物理科学那样的因果律，以孔德为代表的实证主义思潮是此类追求中的突出代表，该思潮有意使历史研究模仿自然科学并尽力向自然科学看齐，以纯粹自然科学的眼光来看待历史学。① 因此，出现了按照实证主义的方法研究历史的倾向，例如比照自然科学的方法对因果关系寻根追底，注重搜集史料，并运用归纳法研究历史规律。实证主义的做法可以让人感觉到19世纪的历史学家越来越多、越来越自觉地思考着历史本质、研究目的和研究方法，这些思考正是历史学成为一门独立学科所必需的，如果按实证主义设想的那样既能获得历史规律又能确认历史事实的客观性，那么，作为一门科学学科所要求的客观性和规律性就两全了。

至于新康德主义一脉也曾比照自然科学的方法，试图从个别与普遍的逻辑关系入手为史学认识客观性寻找逻辑合法(则)性的辩护，通过辩护指出史学具有自己的内在逻辑结构和逻辑体系，同时强调史学本身特有的价值维度是其与自然科学相比而具有的特殊性。② 如新康德主义弗赖堡学派的主要代表亨里希·李凯尔特认为：有一些科学，其目的并非提出自然规律，也并非形成普遍概念，而是从个别性方面说明现实，此科学即历史科学或称之为历史的文化科学。于是李凯尔特直接指明历史学就是一门科学，同时指出自然科学概念的意义恰在于其把个别的事物作为非本质成分滤掉，而史学正要表述和说明事物的个别性、一次性和特殊性，也正是其特殊性或相异性，体现出文化价值和文化意义的独特性，因此采用个别化的历史研究方式正是史学研究的特征。③ 通过一系列论证，李凯尔特指出自然科学和历史的文化科学虽然都是科学，但自然科学研究方法其实并不适用于史学研究。

以上各个时代史学家或哲学家都在为史学客观性作出自己最大的努力，虽然参照自然科学之研究方法会对史学研究产生一定弊端，但其本意都是为了史学在科学性和学术性方面占有一席地位。

---

① 参见何兆武，陈启能.当代西方史学理论[M].上海：上海社会科学院出版社，2003：9.

② 参见周建漳.历史哲学[M].北京：北京大学出版社，2015：115.

③ 参见[德]亨里希·李凯尔特.李凯尔特的历史哲学[M].涂纪亮，译.北京：北京大学出版社，2007：10-11(译者前言).

## 第三节　历史认识的客观性面对的质疑及辨析

为史学客观性所做的一系列的辩护，给史学的发展指明了方向，提供了动力，稳固了史学的学术地位或科学地位，即史学可以采用客观公正的方法追求真实性这一史学的根基。然而在史实无争议的前提下，却存在能否认识过去的质疑，也在宏观历史叙述、历史解释和历史评价方面的认识一致性的阙如方面引发疑虑，因为在此一致性方面史学并不能和自然科学相媲美，并不能达到自然科学那样的客观性水平，因而历史认识的客观性问题在宏观历史认识方面成为史学中需探讨清楚的、重要的问题，或者称之为批判历史哲学中最棘手的问题。在史料方面，可以通过严格的考证方法，利用自然科学的方法得到证实，正是在考证史料方面由于有单一参照系的存在，人们最终能实现认识的一致性。而在史学实践方面，由于单一参照系的缺失而造成宏观历史认识一致性的阙如，虽然造成此现象的原因甚多，但这些原因的存在正是史学存在的必要条件，也是史学与自然学科相比其独特性的表现，而不是史学不能实现客观性的原因。

虽然在史实方面可以达到一致性认识，但是史料本身的特点以及选择史料的标准不同，是造成认识不一致的深层原因。史料记载具有不完全性和价值选择性；史料留存下来的随机性，以及对同一类事件的记载，由于一方话语霸权或话语优势的存在，导致记载事件多少与详略的不对等性；更有一种只是代代相传的、没有文字记载的口述历史的存在。由于史料本身的价值多元性和研究者本身的价值多元性，由于史料缺失进而需要还原原有情形时运用的合理想象的多元性，由于历史事件本身在当时进程中面对的多种选择的可能性，还由于历史事件的不可重复性与不可完全模拟性，导致在还原原有事件时会有不同的认识。但是这些不同的认识正是历史事件立体性和发展的多种可能性的表现，在此，经过认真考证后所得到的对历史事件或历史事实仍具有不一致的认识，其实并不是历史认识的不客观，反而正是历史的真实再现，所以历史认识的客观性也是指认识的可靠性或多样性，并不是要求单一性或一致性。此外，不能因为史料的缺失就认为达不到对过去的“完满认识”（如毕尔德的观点），究其原因，其一，客观性并不等同于整全性，现实的认识实践也不是要搜集完所有材料才对事物进行整全性的推测，比如归纳法的使用。其二，对完满的追求是一种求全责备的追求，其实在绝对意义上即便是对当下可观察的物体，谁又敢说能得出完满的认识呢？[①] 其三，史料虽有缺失，但可以依靠遗留下来的史料结合现有的相关制度、礼仪或风俗习惯等社会现实发挥逻辑推理和合理想象来再现过去，虽然再现的是不完全的过去，但是完全复原是激励人们不断追求的一个高贵的梦想！而自然科学，其研究对象却可以重复并且当下在场，其可重复性是自然科学对研究对象的严格标准，如果没有可重复性，即使个人坚持宣称曾发现过一个意义重大的自然现象，那也只是个人偶然发现而已，不列入科学研究的范围，因为可重复性意味着可检验性，可检验性意味着主体间性，主体间性在一定程度上意味着认识的客观性。如果双方意见不一致，此时可以直接参照实物进行决疑，有些疑问虽要经历长时间的实验和论证，但总能实现认识上的一致性，可见自然实物的当下性和可重复性的优越条件是史学所不能比拟的，而史学在此方面却不能实现完全的过去的当下到场，因此，认为“史学认识的客观性”能按照兰克所谓“如其所是”的目的完全复原过去，严格说来是不可能的，如前所述，此不可能在自然科学中也是常态，因此，可称兰克追求的是一种天真的客观性。

有人认为历史学家拥有自己的价值观与个人权衡，所以不能实现认识的

① Arthur C. Danto. Analytical Philosophy of History[M].Cambridge：Cambridge University Press，1965：113-114.

客观性。如前所述该提法是没有处理好“心理”与“逻辑”的区分。但是,并不是个人的主观因素一定要设定外在因素,才能迫使人们滤掉主观、实现客观,其实,有时正是主观认识的存在使我们发明了新事物,进而发明了新理论。试想一个纯粹没有理论指导下的观察,他观察到了什么?这是汉森提出“观察渗透理论”反对经验主义者的“中性观察理论”的原因之一。所以,主观因素的存在不是无法实现认识客观性的理由。历史学家与古人之间、当代的历史学家之间总是在一定时空条件下研究历史,由于知识构成、经济条件、意识形态等方面的不同,从而不可避免地具有各自的角度和视野,因而在认识之间会呈现出不一致。这种不一致有时是对立的不一致,比如“一个历史学家的解说,被另一个愤怒地加以驳斥”①,但是,认识角度的不同产生认识的不一致并不一定都是正确与错误之间对立的认识,也可能是正确观点在不同角度下的对立,甚至是互补的认识。这种互补情况在史学中正体现了历史事件的多样性和复杂性。其实,在物理学中也不乏其例,例如“光的波粒二象性”之争与统一。这说明认识的不一致并不是实现客观真实性的主要障碍,关键看认识方法和态度,因为“史学认识的客观性”中的“客观”隐含着方法的意思,即要求所有人要认真调查研究,遵照严格的训练和方法,如此,即使有先见或前见,在严格方法的制约下也能得到真实性的认识。或许正是有独特的先见,才有史学家独特的史学著作。因此,“史学认识的客观性”在认识方法上并不是排除主观,而是要求不要因为自己的偏见而歪曲事实或史料以迎合自己的偏见甚至达到宣传的目的。比如巴斯德与牛顿拥有的虔诚的宗教信念并没有影响他们关于科学事实的发现(此处可以参见前述“偏见”的两个定义)。只有如此,“史学认识的客观性”中的认识主体才是一个更自信的认识主体,这时“客观和主观不再是完全对立”②的,主观的就是客观的。普列汉诺夫亦言:史学家在描写社会力量的斗争时,不可避免地要同情任一方,此为主观的,但这种主观其实并不妨碍其成为完全客观的史学家,虽有同情和支持,但只要其不去歪曲这些社会力量

---

① [英]沃尔什.历史哲学导论[M].何兆武,张文杰,译.北京:北京大学出版社,2008:95.

② Martin Kusch.Objectivity and Historiography[J].Isis,2009,100(1):127-131.

所依据的经济和政治关系即可。[1] 因此,从这方面看,"客观即价值中立"并不是普适的观点,哈斯科虽然坚持客观性是鉴别和选择事物的重要依据,但是反对中立,他认为"历史学家带着偏好去研究与写作是再自然不过的事了,没必要苛求他们一定要价值中立"[2],于是哈斯科提出"客观非中立"的观点,认可主观因素在探究客观性中的作用。阿兰·梅吉尔进一步指出客观不仅不是中立,也不是平衡。所谓平衡,类似新闻报道,兼顾了多种观点和视角,电视台只是负责报道,至于结论由观众自由选择。[3] "平衡"的方法在搜集史料时是有用的方法,但如果在历史写作中亦如此,那么这是没有主见的剪刀加糨糊的史学。所以,主体性是历史认识对象内在的规定性,而不是外在的必须排除掉的因素。因此,真正的历史认识结果本身就不是一种外在的认识结果,而是内在的、客观的在自己思想指导下的一种理解的结果,是不需要外加因素来限制(并不是不需要外加因素来支持)的结果。如果持主客对立的思维模式,把客观性当作历史认识的外在标准来约束认识主体认识的积极性,反而会阻碍对历史的真正理解,因为外在的认识原则甚至隐藏着自己的价值偏向和意识形态,对外宣称自己最客观,其实也可能是(不一定都是)最有偏见、最主观。"这一我们通常将之与客观性愿望联系在一起的自我否定和自我约束将吊诡地揭示出自身最明目张胆和乖戾的主观主义。客观主义于是将堕入某种否定或反转的主观主义,在此,主体通过可悲与自我贬抑的声称缺席的表白强调了自身的在场。这就像这样的情景,某人高声喊叫:'别看着我! 我不在这! 我不存在!'从而恰恰是因为所有这些高分贝的发声极为成功地将大家的注意力吸引到他自己身上。……这里的悖论因而就是,在传统历史客观性观点之内,寻求客观性的最强努力将导致最惊人的主观主义变种。"[4]周祥森认为,当客观性一

① 参见三联书店编辑部.[俄]普列汉诺夫哲学著作选集:第一卷[M].北京:生活·读书·新知三联书店,1959:745.

② 王志华.历史叙述:从客观性到合理性[M].北京:中国政法大学出版社,2013:39.

③ Allan Megill. Historical Knowledge, Historical Error: A Contemporary Guide to Practice[M].Chicago: The University of Chicago Press, 2007:114.

④ [荷兰]弗兰克·安克斯密特.历史表现中的意义、真理和指称[M].周建漳,译.南京:译林出版社,2015:244-245.

旦被确立为一条外在的治史原则,历史学的客观性也就真正丧失了①,这是因为持外在原则之要求,就会在思想上出现这样一个外在要求,即"一定要客观,不要主观"。而这是与史学的内在理解相悖的。因此,用客观压制主观甚至排除主观的主客二元对立的思维模式研究历史是一种错误的外在研究方式。

选择标准的相异,导致历史构图的多样。由于认识主体自身的价值取向、利益需求以及写作目的不同,面对同样的史料,通过选择与建构的方法对史料进行重新整合,可以构建出不同的历史景观。怀特的情景设置的例子说明了选择在史学写作中的重要性。"选择不仅意味着确定或忽略哪些事实;它还是处理事实建构、概念选择、复杂关系之安排以及需将事件或时期放在哪一特定视角的一种特定方式。"②在历史选择标准上,不管是"因果重要性"还是"内在重要性"都可以应用,其实并没有一个统一的准则,统一准则的缺位并不是史学客观性的不可求,而是史学学科的特征,但是如果因为统一标准的缺位而随意选取史料和安排悲喜剧叙事类型,则是违背历史客观性要求的,历史写作的多样性不等于历史写作的随意性,在此,事实对其约束依然存在。正如反映特定史料的历史图像无论其如何多样且易变,它必须是对既定史实的扫描,否则它就不是一幅历史图像,这一点在最后一章有详细的论述。

如前所言,历史学家与古人身处不同社会,知识构成、价值观等都有差异,从而理解同一问题时必定存在障碍,虽有障碍但不等于不能达成一致性的认识,只是这种认识需要艰巨的考证和反思,这种认识的不一致表明其是一种正在进行的、正在搜集资料中的认识,是还没有达到主体间认同结果的认识,因此需要结合不同的认识来探析古人的认识,采用不同的历史解释模式来分析古人的言行,其中柯林伍德的"重演解释"具有很大的借鉴作用,即根据当时处境、意图和手段并深入当事人的思想背景中分析当事人的心理选择,尽量消减双方理解的障碍,实现认识的一致性。其间我们可以借鉴其他人的理论,可以运用前提假设和合理想象,但是最后这些因素都消解在认识结果中,这说明认

---

① 参见周祥森.新时期历史认识客观性研究及其反思[J].史学月刊,2009(9):92.

② Raymond Aron.Relativism in History[C]//Hans Meyerhoff.The Philosophy of History in Our Time. New York:Doubleday Anchor Books,1959:158.

识的不一致也可以用作探求新认识的工具，当最后新认识达成，此类工具即告消退。所以，不能强求面对同样史料认识必须一致才能获得对过去的认识，不一致性正是相互借鉴的前提，试想如果面对同一段史料的认识或感受都是千篇一律的，这样的认识真的可信吗？当然，在提出假设与探求对过去认识的过程中不能在现在理念指导下歪曲过去，更不能苛求古人，因为历史研究是后溯研究，用现在的观点去研究过去是在知道“问题答案”之后的问题反思，而古人当时面对问题的判断与选择具有多种可能性和不确定性，因此，双方意见不一致是常态，至于解释、理解造成对历史认识不一致的具体条件则更为复杂，该分析将在下一节展开论述。

历史评价在思维形式上属于判断，该形式由于所持标准之不同，其结果亦多样。这种不一致即使在自然现象中也是普遍的，对简单的自然事件的评价其结局亦是纷呈多样，更不要说对历史事件的评价，因此，从评价的角度分析，历史认识的不一致更是史学之常态。

从以上分析可知，在历史研究中，认识主体之间要达成一致性认同的结果，其理论基础和实践操作都和自然科学相差甚远，但是并不能排除史学具有学术或科学的地位。在史实无争议的基础上，史学认识的不一致性也难以消除，但为了保证史学作为一门独立学科的健康发展，沃尔什提出：“历史的客观性的概念和科学客观性的概念是根本不同的。”[①]狄尔泰提出：“我们说明自然，我们理解生命。”[②]英国历史学家屈威廉认为：“历史既是科学（指通过史料批判确定史实并忠于史实），又是艺术（指在获得史实证据后还要以同情心和想象力去理解历史人物的心灵）。”[③]屈威廉看到了史学的科学和艺术有机共存的魅力之所在。

在史实真实的前提下，历史认识主体间的不一致性正好说明历史学是主观与客观因素相互融合的结果。从整个人类的角度分析，由于历史的客体就是人类主体本身，“史学的主体性倾向乃是历史客体性自身的维度”[④]，因此，对

① ［英］沃尔什.历史哲学导论［M］.何兆武，张文杰，译.北京：北京大学出版社，2008：13.

② Harry Ritter. Dictionary of Concepts in History［M］.Westport：Greenwood Press，1986：436.

③ 朱本源.历史学理论与方法：修订本［M］.北京：人民出版社，2012：410.

④ Paul Ricoeur.History and Truth［M］.Evanston：Northwestern University Press，1965：31.

于人文研究来说,有时主观性恰恰就是客观性。即使对于自然科学而言,主观性并不必然是妨碍而是达成认识客观性的重要条件。但是,自然科学毕竟以客观性为目标,其主观性是为客观性服务的。然而,对于以人类主体为本位的人文学科来说,客观与主观的关系正好是反过来的,从史学角度分析,追求历史认识的客观性,其目的并不在于客观真实性的完成,而在于探寻与再现史学中所暗藏的精神与价值,因此,从追求价值的角度分析,历史需要重写。

"在不以直接实践为指向却以'教化'(德文:Bildung)为旨趣的人文学说方面,认识一致性并非思想合理性成立的绝对要件"①,只是客观性判断标准的缺失导致争讼各执一端,莫衷一是使人们感觉认识无所依从。于是,自然科学设置简明的单一参照系作为认识的客观标准,由于该单一参照系具有价值一元性,因此标准可以判断认识的真假,基于此,实践检验认识的标准是由于客观参照系的存在,那么"在唯一参照系未能确立的情况下,实践检验只是抽象的空话"。② 假如足球比赛不设置任何作为判定球队优劣的标准,则对球队优劣众说纷纭、莫衷一是,会引起认识上的恐慌;如果设置进球数作为判定球队优劣的标准,认识上虽然统一但失去了足球比赛的本真意义,且以进球数作为判定球队的优劣也有失公允。因此,设定进球数作为胜负的标准只是由于操作的简明性而不是合理性。这和史学研究类似,不设定标准下的史学会在史实无争议的前提下众说纷纭、异态纷呈,如海登·怀特的情景设置理论就显得异态纷呈,遭受人们的批评和指责。其实怀特的理论是在史实无争议前提下的历史书写的多样化理论;设定标准下的史学则会出现"判据简明"但却压制与其不一致的史学部分的情况,如此,实现了一致,但丢失了本真。其实未设定标准下的异态纷呈的理论和观点才是反映认识实况的更本真状态。所以,对历史认识一致性的强求事实上带有思想压制的特征,压抑了我们的自由和创造性。比如,话语上定于一尊;或用元叙事囊括一切已发生的和未发生的事件;或"把个人溶解在普遍历史进程的海洋中……(此形式)被看作是作为对个

---

① 周建漳.历史哲学[M].北京:北京大学出版社,2015:216-217.

② 周建漳.历史哲学[M].北京:北京大学出版社,2015:211.

人存在的一种威胁”[①]。正因如此，后现代思想家才呼吁人们“要将尊重差异作为人们精神生活的信条”[②]，安克斯密特也认为史学之目的是“更好地服务于历史解释之多样性，而非趋于一致”[③]。此类多元思想的提出，不仅仅使人们自身变得更宽容，也使“边缘话语”获得了某种发声的可能性，使南北两个世界的对话和互动成为可能。[④] 因此，史实无争议前提下的史学多样化特征为史学对其本体上的历史进行多角度、全方位的探讨提供契机，不仅在于尽可能反映出历史事件的立体性，还原事物真相，更在于探求生活的本真，服务于当今社会。

史学在史实无争议基础上的认识的不一致性难以消除，并没有危及史学的客观性，史学认识的多样性特征反而正是史学存在的理由而不是致命缺陷。在适当条件下的理论争鸣才是史学的魅力所在，历史重在理解和发现意义，追求的是史学智慧和史学价值，如果史学一味追求话语的一致性，得到的是众口一词的史学结果，失去的却是生活的本真。因此，历史认识的客观性在史学中是重要的，但却不是唯一重要的，史学除满足我们对历史知识“可信性”的要求之外，还必须满足其教化于人之作用，即满足我们对历史价值的“可欲性”要求。

① Robert M. Burns, Hugh Rayment - Pickard. Philosophies of History: From Enlightenment to Postmodernity[M].Oxford: Blackwell Publishers Press,2000:131.

② 参见[英]斯图亚特·西姆.德里达与历史的终结[M].王昆，译.北京:北京大学出版社,2005:8-9.

③ Hayden White. An Old Question Raised Again: Is Historiography Art or Science? (Response to Iggers)[J].Rethinking History,2000,4(3):391-406.

④ 参见[英]斯图亚特·西姆.德里达与历史的终结[M].王昆，译.北京:北京大学出版社,2005:8-9.

## 第四节　历史解释、理解与历史认识客观性的关系分析

安克斯密特认为历史哲学有三大变化，依次是关注解释（explanation）、关注阐释（interpretation）和关注表现（representation）。[①] 本节内容主要从历史解释、历史阐释和历史理解着手分析它们与历史客观性的关系，历史表现的特点及作用将于下一节展开论述。

如前所述，在史实无争议情况下的历史认识的不一致是引起历史客观性争议的原因之一，其中史学研究者对历史阐释与理解水平的高低不仅与史学作品价值的高低有关，还与研究者的历史造诣、文学造诣和社会经历有关，更与他们的问题意识有密切关系。优秀史学作品对事件解释之清晰、对意义阐释之深刻及对事件理解之独特都是作者个性的充分展现，但又不失史学之真。史学作品之价值由其“叙述性阐释”来确定，而非由其“事实陈述”来确定。[②] 因此，史学重在理解与阐释，并非一味求其一致性叙述。

### 一、解释与理解关系的演变

#### （一）解释与理解的互补关系

“解释”一词语义多样，其英文“explanation”，有“说明”“阐明”“为……辩

① Frank Ankersmit.Historical Representation[J].History and Theory，1988，27(3)：205-228.

② Frank Ankersmit. Narrative Logic：A Semantic Analysis of the Historian's Language[M].Hague：Martinus Nijhoff Publishers，1983：1.

解”“说明……的理由”的意思。即当别人不明白物体为什么依此方式运动时,需要向别人阐明原因;当别人误解自己或自己犯错时,需要找个理由为自己辩解;当别人对规则不清楚需要向他讲解清楚规则的指向、范围和意义时,此时的解释在语用维度上具有“使明白”“澄清”“阐释”之功能,然而一旦涉及意义层面,则此时的解释就上升到阐释或理解所要求的事物整体高度之上而非单个句段水平之上,于是,人们提出用“阐释(interpretation)”一词来代替“解释(explanation)”一词,以此体现历史书写中追寻历史意义的重要性。为此,海登·怀特称历史意义之追寻乃历史探索事业“所不可抹灭的部分”,贝克尔称之为“生命的血液”,里特称之为“不可避免的部分”①。梅吉尔也认为他讲的“explanation”之所以加上引号,是因为人们还没有达到理解世界意义这个层次。②

通常情况下理解与解释是互补关系,彼此相通,在一定条件下甚至可以互换,目的都是阐明事物,消除认识困惑。例如“格鲁纳认为解释是理解事实的一个过程……此过程是理解事实之后所获得的奖赏,因此,历史理解有时是在历史解释的标题下进行讨论的,虽然知道两者本该区别对待”③。“德语中理解(Verstehen)一词乃指移情过去以使过去事件‘复活’或‘再制定’。英语中理解(understanding)一词包含三种情况:(1)分享的意思;(2)是解释一词的同义词,依此逻辑方法使过去更明了;(3)是一种精神状态,该状态是历史解释和阐释过程的结果。”④既然解释和理解都是一种认识方法,其目的都是阐明事物,那么它们在自然学科和历史学科认识中都可使用,只是在使用时的具体要求和侧重点不同而已。比如,历史学以理解为主,解释在历史学中只是必要的补充,是类似于文本中注释之类的东西。⑤ 只有当理解难以跟上历史叙述时人们才寻求解释,这是历史叙述中不得不打上的学术补丁。⑥ 自然学科虽以解释为

① Harry Ritter. Dictionary of Concepts in History[M].Westport:Greenwood Press,1986:243.

② Allan Megill. Historical Knowledge,Historical Error:A Contemporary Guide to Practice[M].Chicago:The University of Chicago Press,2007:78.

③ Harry Ritter. Dictionary of Concepts in History[M].Westport:Greenwood Press,1986:146.

④ Harry Ritter. Dictionary of Concepts in History[M].Westport:Greenwood Press,1986:435.

⑤ W B.Gallie.Historical Understanding[J].History and Theory,1963,3(2):149-202.

⑥ 参见周建漳.历史哲学[M].北京:北京大学出版社,2015:163-164.

主,但也是在理解基础上的解释,“理解质朴地居于生活世界的基础性层面,它对于解释来说具有某种奠基性的意义,是构成一切更为复杂、精致的科学活动的基础”①。

而施莱尔马赫(1768—1834)与狄尔泰(1833—1911)所发展和完善的诠释学正是一门研究理解与解释的学科。施莱尔马赫虽在语言层面上对解释与理解作了区分,然其目的并不在于使两者截然对立,反而在于使它们互补,最终都是对作者原意作出理解和解释,在施莱尔马赫看来:“解释和理解是最紧密地交织在一起的,有如外在的讲话和内在的话语紧密地交织在一起一样,所有解释的问题都是理解的问题。”②

### (二)解释与理解的对立关系

解释与理解的关系之所以由互补关系演变到对立关系,与自然学科和人文学科的关系的演变有关,两类学科在近代之前并无明确的认识论壁垒,③只是自然学科取得长足进展之后,人们才反观两类学科的研究方法,以此引起解释与理解之辩。理解一词也受浪漫主义、历史主义、19世纪的实证主义和唯心主义等的影响而得到了一定程度的发展,例如实证主义主张“科学的统一性”方法,即都以自然科学中的普遍规律作为指导来逻辑地分析问题和解释问题。实证主义者主张按照自然科学的方法来规范历史研究方法,由此历史学便可能获得一种和自然科学一样的精确标准。然而与此形成鲜明对比的是德国唯心主义者把现实分为“自然”和“精神”两部分,并否认学科间逻辑的一致性。他们认为自然科学符合实证主义模式,即通过观察外部自然现象来描述自然规则;然而历史学家是一个正在研究其他人的人,他能通过内在于他们来认识他们的行动。④ 因为人类行动具有独特性和不可重复性,而不是普遍性和规则性,所以早些时代的维柯认为:“人类拥有一种关于他们自己所生产出来的知

① 周建漳.历史哲学[M].北京:北京大学出版社,2015:164.

② [德]汉斯-格奥尔格·伽达默尔.真理与方法:哲学诠释学的基本特征(上卷)[M].洪汉鼎,译.上海:上海译文出版社,2004:239.

③ 参见周建漳.历史哲学[M].北京:北京大学出版社,2015:163.

④ Harry Ritter. Dictionary of Concepts in History[M].Westport:Greenwood Press, 1986:435-436.

识,而此知识是不能从自然现象中获取的。”[①]维柯之主张,实乃为人文学科做辩护。但是,把理解一词用到历史学的则是19世纪晚期德国学者德罗伊森和狄尔泰。1858年,德罗伊森在洪堡提出的“理解”作用的基础上首次用理解与解释范畴来分别指涉史学与自然科学之间的不同要求,其实,德罗伊森的做法是希望阻挡那种来自西欧的、深入人心的实证主义的影响和企图,因为实证主义试图按照自然科学的模板把史学培育成为一种法则性科学。[②] 德罗伊森提出解释与理解的区分之后,作为关键人物的狄尔泰于1894年发表《关于描述和分析的心理学的观念》,文中提出自然科学和精神科学之间有一条明显的界限:“我们说明自然,我们理解生命。”[③]他认为,“解释是一种单纯知性的操作”[④],“理解不是一个逻辑程序,而是巨大的情感和心灵的经历,依此,人文学科学者建立起一个与他研究对象相关的‘心理关系’”[⑤]。理解也是人的各种精神乃至人格力量相结合的产物[⑥],“通过理解把过去的情况和事件依内在化形式来认识,而该内在化是通过想象过去之情形和事件所包含的情感因素实现的”[⑦]。通过理解方式,史学家在过去的记录之中依靠控制自己来直接进入过去并和过去保持一种移情式的交往关系,以便在不同程度上重新经历过去或者重新思考过去人们的思想。[⑧] 此后狄尔泰的跟随者文德尔班和李凯尔特亦严格区分了自然科学和精神科学的研究方法和目的,并使它们成为完全分立的学科:自然科学研究事物的普遍规律,而精神科学研究单个事件或特殊规



① Abel Theodore. The Operation Called Verstehen[J].The American Journal of Sociology,1948,54(3):211.

② [德]斯特凡·约尔丹.历史科学基本概念词典[M].孟钟捷,译.北京:北京大学出版社,2012:277-278.

③ Harry Ritter. Dictionary of Concepts in History[M].Westport:Greenwood Press,1986:436.

④ Karl-Otto Apel. Understanding and Explanation:A Transcendental-Pragmatic Perspective (Studies in Contemporary German Social Thought)[M].Cambridge,Massachusetts:MIT Press,1984:30.

⑤ Carlo Antoni. From History to Sociology:The Transition in German Historical Thinking [M].Detroit:Wayne State University Press,1959:170.

⑥ Karl-Otto Apel. Understanding and Explanation: A Transcendental-Pragmatic Perspective (Studies in Contemporary German Social Thought)[M].Cambridge,Massachusetts:MIT Press,1984:30.

⑦ Abel Theodore. The Operation Called Verstehen[J].The American Journal of Sociology,1948,54(3):215.

⑧ Harry Ritter. Dictionary of Concepts in History[M].Westport:Greenwood Press,1986:436.

律；自然科学利用规律或提出规则以便说明或解释自然现象，而精神科学致力于研究人物个性或单个事件以便于使个性得到理解，使事件得以认知。其实，此类区分也正是为史学科学地位做辩护所做的区分，正是由于这种区分，李凯尔特指出历史科学和自然科学都是科学，只是两者的方法、目的不同而已。

正是解释和理解之应用范围的区分，两词的内涵在运用中得以充分展现。比如，在自然科学中"解释"即指向"事理解释"，是以事为果求其所以然的因果解释。[①] 此类解释是自然科学理论存续之前提条件，该解释方法有可靠的操作理论和经过严格训练后的严密的操作流程和手段，因此自然科学之结论可以"保证所有认真调查研究它们的人都能接受"[②]，并且由于科学研究对象的可重复性，该方法能实现主体间认识的一致性，这种一致性认识可以称为客观的认识。此处如若在时空上扩大认识主体的范围，此类认识亦可称为真理性认识，即实现了认识的客观性。自然科学中对事物原因的解释能达到高度一致性，究其原因乃是其认识对象或是不存在主观意志的认识客体，或是不把其主观意志作为考虑对象的认识客体，且科学解释含有一种固定的包含物质力的技术操控的维度，因此，采用固定的操控系统并依外在的物质力量方法确实能达到一种普遍的"必然如此"的认识。正如狄尔泰所认为的："解释是一种单纯知性的操作。"[③]该观点从思维模式上分析，可知单纯知性操作思维乃是一种二元区分思维，进一步说是一种主客对立的外在思维模式。该思维模式仅把认识对象作为一种外在于人类精神的、没有感情因素的一种纯粹的外部实在，且认为该外部实在是和认识主体相对立但具有一定确定性和普遍性特点之实在。因此，在自然科学中研究者与其研究对象具有异质性，可以采用外在的按部就班的技术性操作流程去归纳分析个别事件并发现其一般规律或提出相应规则，然后按照该规律或规则对个别事件加以因果性解释且不必考虑被解释客体之感受，其旨趣在于获得不受研究者的主观因素所左右的客观知识。因此，狄尔泰认为解释是一种单纯知性的操作，是一方控制、优越于另一方的思维模

① 参见周建漳.历史哲学[M].北京:北京大学出版社,2015:161.

② [英]沃尔什.历史哲学导论[M].何兆武,张文杰,译.北京:北京大学出版社,2008:92.

③ Karl-Otto Apel. Understanding and Explanation:A Transcendental-Pragmatic Perspective (Studies in Contemporary German Social Thought) [M].Cambridge, Massachusetts:MIT Press,1984:30.

式的结果。

而对于历史学科而言，其研究对象虽以历史文本或遗迹残存等感性存在为载体，但其是人的精神的客观化物，史学的认识主体、认识客体都内含有人的因素，都内含感情因素于其中，如若舍弃感情因素而只按主客二元对立思维模式加以外在思考与描述，则所写之内容也会得到"一致认同"的效果，但是此类历史写作难以符合史学之要求。加之相关历史事件的缺失或不可直接观察，所以依靠想象、移情和体验达到与过去思想的交流，实现对过去有一个全景式的有洞察力的整体意义阐释才是历史研究之必要。① 又因"阐释总是部分的——对任何事物都没有完整的阐释、有视角的——所有的阐释都是来自特定传统中特定观点的阐释和可重新处理的——所有的解释都是对以后的修正开放的"②，所以历史阐释之多样、深刻及持续，正是史学魅力之所在。

其实，在生活世界中理解比解释更具切身性与贴切性，正如天地间万物，不希望被发展、被说明、被解释，而是希望被理解。③ 理解或许不具有解释的精确性和严密逻辑性，但是却是生活中必不可少的部分，一个人可以终其一生不懂什么科学原理、科学解释，但对事理的理解却须臾不离。④ 因此，解释与理解的区分是认识和生活的必要，把它们完全对立是错误的。

### （三）解释与理解关系的回归

正是对解释与理解之间两极化概念的梳理和辨析，解释和理解这一对范畴在方法论上才取得突飞猛进的成就，⑤进而为解释和理解的重新结合提供认识论基础。克服解释和理解的对立而使之得以回归统一的是海德格尔。海德格尔从本体论层面指出人的存在总是理解着的存在，而作为理解（在《存在与

---

① 参见［荷兰］安克斯密特.历史与转义：隐喻的兴衰［M］.韩震，译.北京：文津出版社，2005：65-66.

② Chris Lorenz. You Got Your History, I Got Mine: Some Reflections on the Possibility of Truth and Objectivity in History［J］.OZG, 1999, 10(4): 573.

③ 参见［德］斯特凡·约尔丹.历史科学基本概念词典［M］.孟钟捷，译.北京：北京大学出版社，2012：278.

④ 参见周建漳.历史哲学［M］.北京：北京大学出版社，2015：164.

⑤ ［德］斯特凡·约尔丹.历史科学基本概念词典［M］.孟钟捷，译.北京：北京大学出版社，2012：278.

时间》中译本中,"Verstehen"被翻译为"领会",与"理解"一词同义)的此在向着可能性筹划它的存在,理解的筹划活动本身具有使自身成形的可能性,我们把理解使自己成形的活动称为解释。在生存论上,解释植根于理解,而不是理解生自解释。[①] 海德格尔所主张之理解不再如狄尔泰所主张的把理解作为人们之间沟通的方式,并通过移情方式来追溯作者之生命体验,而是主张把理解作为此在的存在方式。海德格尔的目的是反对传统解释学主客对立模式的应用,因为传统解释学持主体与客体二元区分的观点,此观点坚信被理解对象是外在于主体的、具有其本意的客观存在,而为达成对该对象的理解,理解主体必须摈弃自我成见以获取对理解客体原意的把握。而海德格尔认为此主客二分尤其是主客对立思维是理解的障碍,为此他要探讨主客二分之前人的存在状态,这样便把传统解释学发展为此在存在的现象学,解释和理解的关系也上升到了本体论层面。[②] 正是从人的存在方式和筹划展开的方式的角度,海氏指出解释和理解不再仅仅表现为人的行为方式,而是作为人的存在方式。解释并非要对被领会(被理解)的东西有所认知,而是把领会中(理解中)所筹划的可能性整理出来。领会(理解)在解释中并不成为别的东西,而是成为它自身。[③] 正因如此,解释和理解便建立在前理解基础之上,解释学循环问题于是成为人在存在过程中所关注的一种连续性或继承性问题。

伽达默尔在海德格尔的基础上进一步强调"理解同时即是解释和应用:解释是理解的解释又是理解的应用,应用和解释并非在理解后发生,它们是理解的行为"[④]。

### (四)解释和理解关系演变的理论分析及其影响

施莱尔马赫所认为的诠释学乃是一门避免误解的艺术,所谓避免误解,就

---

① [德]海德格尔.存在与时间[M].陈嘉映,王庆节,译.北京:生活·读书·新知三联书店,1999:173.

② 参见宋志润.不是从循环中脱身,而是正确地进入循环:海德格尔论解释学循环[J].哈尔滨学院学报,2009(7):1-6.

③ 参见[德]海德格尔.存在与时间[M].陈嘉映,王庆节,译.北京:生活·读书·新知三联书店,1999:173.

④ 陈其荣,曹志平.自然科学与人文社会科学方法论中的"理解与解释"[J].浙江大学学报(人文社会科学版),2004(2):25-26.

是要把握作者之原意。为把握作者之原意，施莱尔马赫运用心理学分析和语法分析，并要求尽可能排除自身偏见和主观性因素的干扰以拉近与原作者的心理距离，达到文本原意，以此来保证还原作者的原意，进而实现"我们必须比作者理解他自己更好地理解作者"①的目的。其实此想法已把主体的创造性冲动朦胧地体现出来，然而主体创意的冲动最终还是被淹没在追求文本原意、作者原意的强烈愿望中，因此，他们所谓的理解得更好，其实是理解得更准，把握的原意更贴切，岂不知此想法其实更进一步压抑了理解者主动探求文本意义甚至多义的积极性。狄尔泰也有类似的思维，"对于施莱尔马赫、狄尔泰而言，存在着理解中的主体能动作用，但没有主体间的交互作用。与作为主体间性的'效果历史'的理解实相仍然相距遥遥，主体间性被误置于主客体间性之处。他们始终未能逾越诠释者所自设的对文本的客观理解的藩篱"②。对施莱尔马赫、狄尔泰来说，他们所持的是主客二元对立思维模式，如上所言，只有主客关系，未涉主体与主体间交流与融合关系，其解释学之指导思想实乃作者中心主义，而读者永远不是理解之中心，因此，只有将读者的主体性特征过滤干净，余下的才是作者之原意。此想法之浪漫、之极端是因为他们持一种自然科学中体现符合论特征的客观性定义(即客观性的实在论定义)来分析精神科学，忽视了精神科学理解的独特性。而伽达默尔分析人文学科的理解概念时，认为不仅要正视先见，还要重视时间间距的积极作用，尤其强调读者、作者和文本三方之互动，其理解的重心由施莱尔马赫重视文本之原意转向视域融合之后的文本之新意，是文本、作者原意及其理解者之理解的意义的融合与共在。就此而言，意义的世界不是被发现的，而是被创造出来的，加之以解释学循环的保障，文本意义的多样性便凸显出来，史学的意境也得以显示。因此，此条件下文本的意义是生成的、开放的和历史性的，理解的结果不是凸显一方而掩盖另一方的非此即彼的存在，而是双方之间即此即彼的存在，但又不失其真。

施莱尔马赫的方法论理解方法，目的是恢复作者的原意，为此，他提出以

① [德]汉斯-格奥尔格·伽达默尔.真理与方法：哲学诠释学的基本特征(上卷)[M].洪汉鼎，译.上海：上海译文出版社，2004：249.

② 杨泽树."效果历史"：理解之维的哥白尼革命[J].浙江社会科学，2007(6)：128-129.

解释学循环的方法过滤理解者的主观因素以确保理解结果与原意一致。当理解者的主观思想与原意的客观思想一致时,他认为诠释达到了终点,因此,施莱尔马赫的解释学循环是形式的,没有具体内容的。如以此标准进行史学研究,史学研究也会走向终点,形成终极史学观点。另一种理解是从本体论的解释学角度进行分析,我们理解文本,并非仅要达到或实现作者的原意,还要得出新意;这种新意不只是不同的人面对同样的文本得出的不同新意,甚至是同一个人于不同时间阅读同样文本也会得出不同的新意,其新意之不同有来自内省和觉悟之不同,有来自文本内蕴之高深与丰富之不同,更有来自时代视域之不同,这些不同形成了对同一文本可作相异而又相宜理解之可能性。从这一方面分析,我们并不是一味求得理解结果的一致性,而是追求意义的多样性、深刻性和启发性,或者追求具有教化意义的史学,即追求史学智慧而非单纯史学知识。

相对方法论理解方法而言,本体论解释学更重视创造文本的意义,而不仅仅是获得文本本身蕴含的固有意义,也不要求研究者一定要把自身置于过去的处境中去恢复和重现历史事件及演绎其本意,而是在"大视域"即"过去的视域""现在的视域""未来的视域"中寻求古与今、过去与未来之视域融合结果。

理解结果与理解意义的多样性并不是理解方法与技巧的随意性,为此,海德格尔认为,解释学循环不是理解的方法与技巧,如果是方法与技巧,则是可由诠释者决定采用与否的工具或手段。他认为解释学循环是理解的结构,理解是由设计投出到事物,得到意义,它反过来修正设计,让它再次投出,继续获得新意。由于设计并投出是理解的结构,循环也无所谓有终点的存在,设计也是有内容的、有意义的。[①] 伽达默尔的解释学循环是从传统的前见与传统文本间往返的游戏角度来分析的:"诠释者随着它们的游戏而游戏,诠释者不是游戏的主体,他不主导游戏的进行,他聆听传统对他的诉说,理解自己的处境,明白自己的动机、兴趣与目的,开放自己以接受文本的意义,在游戏中让它得以在自己的处境中清楚呈现。诠释者隶属于传统,让传统在游戏中呈现文本的

① 参见陈荣华.高达美诠释学:《真理与方法》导读[M].台北:三民书局股份有限公司,2011:147-148.

意义,再把意义流传下去,让传统更为丰富。诠释就是传统中的前见和文本的相互激荡和彼此游戏,直到它们取得和谐协调,丰富了传统的内容。"[①]伽达默尔的解释学循环方法最终是实现流传物和解释者之间的一种内在的互动。"海德格尔和伽达默尔都强调理解是我们现实生活的一部分。对海德格尔来说,先有、先见和先把握构成了理解的前结构,而伽达默尔则指的是前义和前见。"[②]对海德格尔来说,任何解释一开始就必须有一种在先有、先见和先把握中先行给定了的先入之见,而先有、先见和先把握构成了理解的前结构,理解的前结构的存在是没有主客之间对立而是主客之间本为一体的结构;在伽达默尔的解释学循环达到的视域融合理论中,历史和现在、客体和主体、自我和他者亦构成了一个无限的统一整体,因此主客二分最后走向主客一体,而不是走向主客对立。

本体论中解释和理解的一致性强调了筹划的作用,在理解的筹划中,扩宽了人的自我理解范围,也拓展了人生的疆域;[③]正因"此在原是可能之在"[④],则对未来筹划的可能性,意味着我们在追求与认可某种生存的意义[⑤];其重视可能性甚于现实性的主张,对研究历史的可能性问题起一定的启发作用,因为可能性在先,于特定条件下部分可能性转化为现实性,因之可能性高于现实性在于其范围永远大于现实性。所以,筹划的多样性与理解的多样性相一致,而一味追求理解的一致性也许是忽略可能性存在的就事论事的现实主义表现,也许是本质主义或基础主义表现。

如若割裂解释和理解的关系,用二元对立的观点分析解释和理解的关系,就会因一味强调理解的多样性而导致相对主义;或因一味强调解释的一元性而导致绝对主义,在绝对主义思想影响下的历史研究会走向客观主义史学甚

---

① 陈荣华.高达美诠释学:《真理与方法》导读[M].台北:三民书局股份有限公司,2011:148.

② Warnke Georgia. The Hermeneutic Circle Versus Dialogue[J].The Review of Metaphysics,2011,65(1):91.

③ 参见陈其荣,曹志平.自然科学与人文社会科学方法论中的"理解与解释"[J].浙江大学学报(人文社会科学版),2004(2):25-26.

④ [德]海德格尔.存在与时间[M].陈嘉映,王庆节,译.北京:生活·读书·新知三联书店,1999:175.

⑤ 参见陈嘉明.现代西方哲学方法论讲演录[M].桂林:广西师范大学出版社,2009:178-179.

至是唯心主义史学或神学。所以,对待理解和解释的关系,也要坚持二元对立统一的观点,历史研究既要求其真,还要探究其意义,更要探究其可能性和多样性。

## 二、具体历史解释模式的辨析

从以上分析可知,解释与理解虽侧重点不同,然都有鉴是非、明事理之作用。至于是精准鉴别还是把握要旨、是精确预测还是指明方向、是提供知识还是兼供智慧,要从具体背景甚至是语境分析,对待解释与理解的关系既不能一概使之等同也不能割裂。因此,从解释的角度分析历史解释模式并不是割裂理解,仅是侧重点不同。

自然解释具有一种外在的认识目的,其目的在于解开自然现象之谜,揭晓谜底。自然解释追求的是一种通用的可解决类似问题的知识,即科学知识,加之拥有的科学知识越丰富,其解谜的能力、预设谜底的能力也越高,更由于其可解性和认识结论的一致性的魅力,导致人们对之梦寐以求并愿意为之奋斗终身,同样其成就之辉煌也吸引着人们将其研究方法应用到相关学科之上。基于此,史学参照自然科学方法进行历史解释和预测也是学科探索中的一步,此类历史解释我们称之为"科学解释模式"。但是,史学终归不同于自然科学,支配人们关注史学的动机与关注自然科学的动机泛言之都可曰求知,深入地说史学更在于提升生活的智慧,丰富、充实甚至是改变我们对世界的惯常理解,提升人类的自由空间,而不是如自然科学那样追求一种单一的解题渴望和单一的可操控的技艺上的知识。[①] 因此,历史学科追求的不只是简单的外在解谜,更是内在推演。基于此,产生了一些与科学主义模式相对应的非科学主义模式的史学解释,如"连续系列模式"(欧克肖特)、"合理解释模式"(德雷)、"重演解释模式"(柯林伍德)、"综合性模式"(沃尔什)、"叙述解释模式"(丹图、加利等),此外还有马丁试图综合科学与人文两造的"重演和实践推断模式"。在此仅选取部分解释模式加以分析。

---

① 参见周建漳.历史哲学[M].北京:北京大学出版社,2015:162.

### （一）历史解释的科学主义模式

历史解释的科学主义模式始于亨普尔 1942 年在《哲学杂志》上发表的一篇题为《普遍规律在历史学中的作用》的论文。该论文认为："对于在特定地点和时间中发生之事，尽管人们的解释可能会使其逐渐变得越来越清晰易懂，但是要想通过普遍假设的方式说明单个事件的所有特征是不可能的。在这方面历史和自然解释并无不同之处，两者都能通过普遍概念解释它们的主旨，且历史学对其研究对象的'单一个体的把握'程度，和物理或化学对此的把握程度一样，不多也不少。"①亨氏认为如若是未经实践证实的不可靠的普遍假设前提下的解释，则可能是"虚假解释"，为此，他提出普遍经验规律在解释中的重要性。"历史学和经验科学中别的领域一样，对现象的解释乃是将现象纳入普遍的经验规律下；普遍经验规律合理性的标准，既不在于它是否能唤起我们的想象力，也不在于它是否由具有启发性的类比方式来表现，或者是别的什么东西使它看起来貌似有道理——所有这些可能在虚假解释中产生——而在于其是否建立在为经验有效证实了的关于初始条件和普遍规律之假定的基础上。"②正是亨普尔在文章中论述普遍规律对于解释和预测事件的重要性，后来，德雷称之为"覆盖律模式"（Covering Law Model），英文缩写为 C-L Model，即将所欲解释之事项纳入或覆盖在普遍规律之下，以此来解释该事项，体现普遍规律与特殊事件之间的关系。

在宏观历史叙述中，如果是研究抽象的人的历史活动的话，也可以运用归纳法来总结人类活动的共同点，进而探究历史发展规律，在此类情况下，对历史现象概括度越高越能揭示历史发展的规律，对今后任何阶段或特定阶段的人类社会的发展越能起到一定的指导作用。此时的历史规律更具有认识的一致性，也不会因任何个人的变化而影响到对该规律内容表述的变化，在这种特定情况下得到的历史规律在认识上也是深刻的和实用的，因此，亨普尔覆盖律

---

① Carl Gustav Hempel. The Function of General Laws in History[J].The Journal of Philosophy,1942,39(2):37.

② Carl Gustav Hempel. The Function of General Laws in History[J].The Journal of Philosophy,1942,39(2):45.

模式在解释"没有人的历史"时是有一定作用的。但是在具体的历史事件、涉及个体行为的历史解释中,覆盖律模式只能是"特例而非通则"①,因为此类历史规律在人类历史领域中并非普遍存在。其实,"著名的覆盖律论辩事实上只不过是'科学统一论'的副产品"②。

覆盖律模式在解释高度概括的抽象历史事件或集体的人类时,可以把握历史方向,为长远目标的制定提供一定的理论基础,但是用这种概括度很高甚至抽掉人的具体特征的规律来研究具体人的行动和利益诉求反而会陷入僵局。这种一味地按照抽象思维研究历史的方法,会把具体个人的特性和利益诉求用"类"的特征来掩盖与忽略,并认为历史研究如果能认识到社会特定阶段的本质和规律,就可以像自然科学那样一劳永逸地推演今后的历史现象,甚至认为如果给定条件,历史一定这样进展,这种思想是本质主义的一种表现。而本质主义思想压制人的自由和创造性,欧克肖特认为"瞬息存在的历史事实一旦被看作是一般规律的具体事例,历史就被抹杀了"③。海德格尔曾说过:人的存在即他的本质。而萨特进一步提出"存在先于本质",而不是本质决定人的存在及活动,正是个人的自由活动决定人的本质。因此,人的本质不是固定不变的,更不是类本质,决定人的本质存在的是一个自由的选择的过程,在任何情况下人都存在选择的可能性,但要承担由此引起的社会责任。此外,这种宏观历史规律关于历史的预言往往因大而无当、无趣乏味而不可欲和不可行。④ 覆盖律模式因其抽象性反而掩盖了事件的多样性和多变性。历史事件发生的多种可能因素的存在,使得已经发生的事件不等于必然发生的事件,因此,依靠已经发生的事件归纳出的历史规律亦具有可能性,其必然性特性因其可能性而大打折扣。正因如此,自然规律可以解释千篇一律的类似现象并具有准确的预测性。然而,历史学中的一些普遍性的规则却是松散的,或通常是如此,而不是总是如此,因此用历史规律解释类似的具体历史事件和预测未

---

① 周建漳.历史哲学[M].北京:北京大学出版社,2015:169.

② Frank Ankersmit. Danto, History, and the Tragedy of Human Existence[J].History and Theory,2003,42(3): 291-304.

③ Michael Oakeshott.Experience and Its Modes[M].Cambridge:Cambridge University Press,1930:52.

④ 周建漳.历史哲学[M].北京:北京大学出版社,2015:171-173.

来，终归显得“力不从心”。所以，覆盖律模式最终遭到抛弃的结局说明“在纯学术考虑之上，其方法论一元论观念所透露出的某种君临天下的科学帝国主义倾向是其不成功的深层文化根源”①。



### （二）重演解释模式

亨普尔“见物不见人”的自然主义解释倾向忽略了人的行为的不确定性，因此是一种以偏概全的、压制个性的解释。柯林伍德提出著名的“一切历史都是思想史”的“重演解释”观念，历史学家对历史事件的解释是基于对历史当事人行为背后“思想”的内在理解实现的。该模式在解释历史事件时不是仅仅知道“怎么样”，还要重演历史人物的思想。其解释在本质上是基于实践慎思的理性演绎过程。具体说来，它包括历史行为者对其所处历史情境的理解（即处境动机），其意图、目标，以及在当时情况下可达成目标的所有可选择的手段等一系列的理性考虑。这种重演是基于理性选择的基础，是基于人们正常、日常生活经验的基础，可以发挥研究者的想象能力，综合各种因素考虑事件发生的可能性，但是人的行为并不完全受理性支配，因此对思想背后动机的解释有一定局限性，亨普尔也提出其他理由反驳重演解释模式。

亨氏认为移情解释虽是富有启发性的解释方式，即历史学家试图认识到，假如他本人处于给定的历史条件下，且在他的英雄们的特殊动机支配下，他自己将如何行动；他试图将他的发现结果归纳为一般规则，并将其作为解释原则，以解释所涉人员的行为。其实这种心理假设的推演并不能保证由它所推演出来的解释的可靠性，解释的可靠性更依赖于经验概括的事实的正确性，历史学的解释方式并非必须使用移情推演的方式。例如，一个历史学家也许不能使自己融入一个偏执狂的历史人物的角色，进而无法使自己感受此角色，但却能够解释该人物的某些活动，特别是借助变态心理学原理，效果会更为明显。因此，历史学家与他的历史英雄是否处于同一位置与他对历史事件之解释正确与否无关。重要的是普遍假设的可靠性，而不管该普遍假设是通过移

① 周建漳.历史哲学[M].北京：北京大学出版社，2015：175.

情方式提出还是通过严格的行为主义程序所得。[①]

当然,如果我们认为"柯林伍德所强调的历史行为的内在方面应该被进一步理解为意义层面"[②]的话,那么对柯林伍德的思想推演的方法和结果的认同度就会提高。我们虽然不能完全深入被研究者的心理,但是可以从文化背景方面以及同时代主体间人与人的关系方面探索当事人行动的历史意义,以此推断其行动。人们在特定文化氛围中分享着各自的经验,此乃意义之基础,在此基础上形成主体之间理解与交流的信息平台,依此平台,意义通过交往得以建立,并在主体间传递,形成一个有意义的世界。因此,意义不是在主体自身形成的,而是在主体和主体间形成的。[③] 如果从意义方面阐释历史行为和历史事件,则可以从人与人的关系入手推演当事人的行动。

### (三)叙述解释模式

寓解释于叙事也是历史学家所应用的事件解释方法,海登·怀特指出:"史学家尤其想通过将一系列历史事件表现得具有叙事过程的形式和实质,以此对它们进行解释。"[④]怀特此处所言叙事是与叙述有区别的,叙事是在叙述的基础上添加故事情节,俗称讲故事。他说:"通过认定故事的类别来提供该故事的'意义',这被称为通过情节化方式来解释事件。"[⑤]在讲故事的过程中,如果将故事赋予悲剧色彩,则按悲剧方式解释事件;如果将故事建构为喜剧,则按喜剧色彩解释事件;还可以根据故事情节的需要将同一事件安排在历史叙事的开头、中间或结尾,以突出该事件在整体叙事中的影响及意义,因此,对事件的解释乃是依情节化方式的改变而展示事件不同特定序列的一种方式。[⑥]

---

① Carl Gustav Hempel. The Function of General Laws in History[J].The Journal of Philosophy, 1942, 39(2):44-45.

② 周建漳.历史哲学[M].北京:北京大学出版社,2015:179.

③ 参见郭湛.论主体间性或交互主体性[J].中国人民大学学报,2001(3):33.

④ [美]海登·怀特.元史学:十九世纪欧洲的历史想象[M].陈新,译.南京:译林出版社,2004:3.

⑤ Hayden White. Metahistory:the Historical Imagination in Nineteenth Century Europe[M].Baltimore: Johns Hopkins University Press,1978:7.

⑥ Hayden White. Metahistory:the Historical Imagination in Nineteenth Century Europe[M].Baltimore: Johns Hopkins University Press,1978:7.

"'历史'作为一种证明所发生过的事件文献记录,针对'过去发生过什么'而言,它能够把许多不同的但是却同样合理的叙事性记述整合在一起;依据这些记述,读者或历史学家本身对于现在'必须做什么'可能会得出不同的结论。"① 因此,怀特还认为可以通过文学形式的改变来解释历史事件在不同社会关系中的地位、影响及其意义,这样,针对同一类事件的解释因借鉴文学、美学方式而存在着多种解释方式的争论。但是,不管这些解释方式如何具有文学性、美学性和多样性,"其美学方面不能侵犯其高一级别的认识论方面"②,可见解释的多样性也是以事件的真实性作为基础,从而具有可信性和权威性。因此,丹图也认为:"一个故事就是关于在起源和结局之间变化如何发生的描述,依我说,也就是解释。"③即依照特定时间顺序或结构将需要解释的事件放在该序列中或结构中获得对它的理解及解释,此处的特定时间既可以是历法时间也可以是历史时间。

叙事有宏大叙事和微观叙事,"事实上,对于宏大的叙事来说,最终是为了解释一切"④。宏大叙事之所以宏大是由于其以历史上的重大事件、重要人物或以集体为单位的人类或人类整体为研究对象,并依据此类事件或人物的性质特征为标准划分不同的历史阶段,通过归纳整理,从中抽绎出历史发展主线或规律,然后又按照演绎法则解释相关历史事件、评价相关历史人物。宏大叙事由于过于注重结构而忽略具体个体的利益诉求,尤其是欧洲中心论的叙述结构带给人们对历史研究的迷惘和不满,保罗·利科认为如果抛开人的价值、意义而只研究"没有人的历史"虽有很强的客观性,但是这是一种虚假的客观性。于是人们提出发展微观史,以讲故事的方式反映部分地区人们的生活状况。

---

① Hayden White. Metahistory: the Historical Imagination in Nineteenth Century Europe[M].Baltimore: Johns Hopkins University Press, 1978: 283.

② Michael Stanford. An Introduction to the Philosophy of History[M]. Oxford: Blackwell Publishers Press, 1998: 230.

③ Arthur C. Danto. Analytical Philosophy of History[M].Cambridge: Cambridge University Press, 1965: 234.

④ Robert A. Rosenstone. A History of What Has Not Yet Happened[J].Rethinking History, 2000, 4(2): 184.

在微观史如《蒙塔尤》《奶酪与蛆虫》《马丁·盖尔归来》的影响下，安克斯密特认为："这些'微故事'的影响使得史学只代表它本身；它们拥有一种自我参照的能力，此能力非常类似于相关的现代画家所使用的表达方式。正如在现代绘画中一样，其目的不再是暗示表现背后之'现实'，而是将'现实'融入表现中。"①这是微观史解释事件所具有的直观性的特征，加之微观史中推测性词语的使用，代替了宏大叙事中过于肯定的词语的使用，使叙事更为真实。尤其是《马丁·盖尔归来》一书独特的处理主题的风格及写作风格，深深地影响着安克斯密特的史学思想，安氏认为后现代史学打破了有着悠久历史的本质主义传统，也意味着向传统的宏大叙事告别。安氏认为历史选择不再落在树干上或树枝上，而是落在树叶上。在后现代主义的历史观中，其目标不再是整合、综合和整体，而是那些历史碎片。以微观史为例，以前我们会问：这类史学作品的意义是什么？它试图证明什么？然而，在反本质主义的后现代主义史观中，这些问题已经失去了意义。如果我们想要坚持本质主义，我们可以说，本质不是在树枝上，也不是在树干上，而是在历史之树的叶子里。树叶的特征是它们相对松散地依附在树上，当秋天或冬天来临的时候，它们就会被风吹走。现在，后现代主义西方史学的目的是收集被吹走的叶子，并独立地研究它们的起源。这意味着我们的历史意识已经被彻底颠覆了。当我们像微观史作者那样用同样的方式收集过去的叶子时，其重要性不再是把它们还原于历史之树上，而是我们可以从它们现在的这种模式中形成新的模式，依此方法，该新模式可以适应现有的其他形式的新文明。② 之所以不将叶子放回到历史之树上，是因为安氏担心一旦如此，则诸如欧洲中心论之类的宏大叙事便有可能乘虚而入。正因如此，后现代史学家更看好史学中的微观分析和个体叙事方式，以此抵制宏大叙事方式。但是由于过分抵制，也消解了宏大叙事的作用，于是费尔南·布罗代尔指出："我还希望人们不要指责我过大的雄心，即我想海纳百川的愿望和欲求。历史学或许不应该被判罚只能研究院墙高筑的花园。假使那样的话，难道它能完成它现在的一项任务？……埃德蒙·法拉尔

① Frank Ankersmit. Historical Representation[J].History and Theory,1988,27(3):227-228.

② Frank Ankersmit. Historiography and Postmodernism[J].History and Theory,1989,28(2):149-150.

于1942年写道:正是对大历史的恐惧扼杀了历史,但愿它能够再生!"[①]因此,对待宏大叙事和微观叙事不能采取二元对立的思维模式,不能提升一方而贬抑另一方。

历史研究仅就事论事,也许能得到一致性的认同感,但此研究形式缺失的是对历史感的培养和应用,而正是由于历史感的作用,当我们遇到类似的历史事件时会采取不同于自然科学的方法判断与解释新事件。史学解释的不一致性还体现出历史叙述的多样化特征以及历史语言的结构性特征,正因为语言建立了世界的结构,现实世界才显得更清晰。就像拉康所言,语言之外无结构,即语言只是使现实在语言水平上得到理解。[②] 史学解释的不一致性还是史学主观性特征的表现,在史学史上,不少历史著作正由于其写作者本人鲜明的时代特色及独到的、卓越的理论见地而成为世界史学、哲学文库中的要籍,可见,融入历史事件的理论解释甚至是独到的理论解释赋予了历史著作生命力。理论水平的层次与高度不同体现了历史解释的角度与深度的不一致,这除了因为研究者知识结构的不同,还在于其内在感受与经历的不同,但是,也正是这种来自个人实际生活的感受与体验,才从实践基础上(或者是实践的有效性基础上)证明了历史叙述或历史表现的真实性,体现了"实践是检验真理的唯一标准"的正确性,而不是在历史研究中一味坚信检验历史真实性的标准就是过去的客观存在的美好信念,从而忽视实践的效用。[③] 人们质疑大屠杀的喜剧书写模式,批评凯尔纳对待大屠杀只考虑文学修辞和观众或读者的感受而完全不考虑大屠杀当事人的感受和这段历史对受害国的伤害,正是实践作用之表现。个体实践的多样性与多层次性也检验了叙述的多样性、语言结构的多样性和理解水平的多样性,因此,对同一事件的历史解释与理解的不一致并不直接危及历史认识的客观性,反而是历史的真实反映。对历史现象的众说纷纭和对自然现象描述的众口一词都是真实世界的表现和反映,相反,历史学一味追求一致性或强行追求所谓的一致性都是对历史学的伤害。

---

① [法]费尔南·布罗代尔.论历史[M].刘北成,周立红,译.北京:北京大学出版社,2008:5.

② 陈嘉映.语言哲学[M].北京:北京大学出版社,2003:76.

③ 参见陈新.实践与后现代史学[J].学术研究,2004(4):20-22.

以上关于历史解释的科学主义模式和非科学主义模式的区分不应该采取二元对立的思维模式来将两者完全对立，因为两者虽有不同，但同属于人的认识活动，都是作为人的生存或存在的基本环节，因此可以把两者结合起来解释历史事件。对于单纯历史事件是否发生的解释我们可以求得一致性认识，但涉及意义层面的历史解释就要上升到历史阐释与历史理解的高度，因为历史解释总是以解释者自我认同的方式作出，总是着眼于自己的目的、价值标准以及行动的可能，因此，意义层面上的历史解释并不在于获得一致性的认同，而是寻找与自己现实行动有关的历史依据、历史意义和依此所体现的生命运动的本质性力量。

## 第五节　历史认识客观性的思维模式分析

思维模式指导人们的行动，即使是不自觉地思考一个问题，其实也内含思维模式，比如人们不自觉地以“人类为中心”思考问题，其实已隐含主客二分甚至是主客对立思维模式。提出“历史认识的客观性问题”时，本身就预设了主客二分的思维模式，如果用自然科学语境下的“客观性”定义来理解“历史认识的客观性问题”，其实是隐含着主客对立思维模式的，用该模式解释与理解历史也是引发争论的原因之一。

### 一、二元区分与二元对立思维模式的关系、演变及影响

主客二元区分思维模式是原始的“主客一体”“天人合一”思维模式的进一步发展，是人类生存和发展的需要，因此，认识主体和认识客体的区分是合理的、必要的，也是语言和思想的基础，是语言单位具有价值或意义的手段，是自我认识的开端。主客二元区分本身“是一种中性的意涵”[①]，双方也可以是互补关系，该区分并不一定会直接导致双方之间形成一种难以弥合的割裂、一道无法跨越的鸿沟。然而，在所有二元区分关系中，如果人为地提升一方的地位使之拥有基础、正面以及价值优先的意涵而打压另一方使之拥有次等、匮乏、阙

① 纪金庆.二元对立与阴阳：世界观的冲突与调和[M].台北：台湾商务印书馆股份有限公司，2008：9.

如、价值较低的地位,就会形成二元对立的思维模式。

在该思维模式指导下的自然科学也确实取得了一系列成就,这是该模式极具说服力和诱惑力并能成为传统思考主流的原因之一,毕竟在该思维指导下自然科学取得的成就是有目共睹的,在历史学领域中持该思维模式也曾取得一系列成就,比如:思辨历史哲学阶段通过对文献和史料的考证得到事实的真实,进而把不是事实的东西排除在历史学之外;分析历史哲学承认由观念建构的历史,进而把没有思想的东西排除在历史学之外;叙述历史哲学主张历史学使用的语言是生活语言,进而把科学语言排除在外。[①] 尤其是"此操作模式(二元对立思维模式)瞄准了一个对于真理基础的关怀,所有二元对立,之所以能让任何一个时代的思想家想方设法予以定位"[②],正在于"它满足了人们活在一个流变不居的世界里头,需要一个真理的判准"[③],即"一个终极的现实或真理的中心存在,它可以作为我们所有思想和行动的基础"[④]。但是关于什么是真理,由于依据标准不同又众说纷纭,这说明在一定时期一定地域内一定的客观性标准的存在是至关重要的,比如对于真理的符合论、融贯论、冗余论、实用论之争以及哲学史中经验论和唯理论之争都与人们要设定一个标准有关,否则会让人感到认识无所适从,令人不安和令人失望,这是至今人们不能舍弃主客对立思维模式和客观性标准的生活依据上的原因。因此,保罗·利科认为:"在最本初的形式下,真理看来是一种调节的概念,作为一种在客体方面统一认识和主体方面统一客体的任务,该任务是把知识领域的多样性统一起来并解决意见的多样性问题。……以便使知识在统一性和稳定性中实现。"[⑤]此外,二元对立思维模式因其强调各自的作用也有助于深刻认识双方的地位和作

---

① 李杰.历史观念——实践历史哲学的建构[M].北京:人民出版社,2013:46.

② 纪金庆.二元对立与阴阳:世界观的冲突与调和[M].台北:台湾商务印书馆股份有限公司,2008:30.

③ 纪金庆.二元对立与阴阳:世界观的冲突与调和[M].台北:台湾商务印书馆股份有限公司,2008:15.

④ Nasser Maleki.Contextualizing Kathleen Raine's Selected Poems in the Light of Derridean Model of Deconstruction[J].Journal of Language and Literature.2014,5(2):68.

⑤ Paul Ricoeur. History and Truth[M].Evanston:Northwest University Press,1965:42.

用,因此,正是主客对立思维模式的长期发展为“新的主客融合思维模式”①的出现奠定了理论基础。比如此前分析解释和理解的关系时,在狄尔泰、文德尔班和李凯尔特的努力下,解释和理解的特点得到充分展示,从而使海德格尔、伽达默尔和利科在分析两者关系时游刃有余,并能把两者有机地结合在人的存在方式上,形成一种新的解释和理解二元统一的结果。

所以,既然该思维模式指导下的活动能取得丰硕的成果,那么我们就不能随意诋毁该思维模式,但又不能完全依赖该思维模式,要辩证分析。

在主客二元对立思维模式指导下人类创造了光辉的文明,于是一些研究者开始醉心于主客二元对立思维模式的应用,把原本一体的世界人为分裂为对立的两个世界(主观世界和客观世界),并把相关的其他的二元因素也加以对立分析,比如现象与本质、在场与缺场、事实与价值、隐喻与真理、现实性与可能性等一系列的明确区分。走向极端二元对立思维模式不仅会导致对立双方之间的割裂,更大的负面影响是该模式还承载了一种宰制性的逻辑,“这种宰制性的逻辑可能带来文化歧视与压抑的危机”。② 比如此前提到的主客对立思维要求设定一个真理标准,但是“一个终极的现实中心或真理中心的存在,虽然可以作为我们所有思想和行动的基础,然而这也可能意味着读者(认识主体或实践主体)会无意识地站在一个二元对立的概念上看问题,而德里达则将这种反应视为一种文化现象”③。比如,无意识地站在欧洲中心论的标准上评价东方文化或东方历史,得出东方并未产生历史学的结论,或者说东方其实并没有发展科学技术等结论。再如,把认识主体与客体看成彼此外在的独立的实体,如此,便会形成一个超乎感性之上或之外的独立的、永恒的概念王国(比如柏拉图的理念世界或宗教信仰中的天国思想),该概念王国把哲学引向脱离现实世界、脱离人生的苍白乏味的境地。此外,主客对立的思维模式在西方近

---

① “新的主客融合思维模式”张世英称之为“后主客关系的天人合一”,以区别于原始的天人合一观,即“前主客关系的天人合一”。参见张世英.哲学导论[M].北京:北京大学出版社,2016:14-15.

② 纪金庆.二元对立与阴阳:世界观的冲突与调和[M].台北:台湾商务印书馆股份有限公司,2008:11-12.

③ Nesser Maleki. Contextualizing Kathleen Raine's Selected Poems in the Light of Derridean Model of Deconstruction[J].Journal of Language and Literature.2014,5(2):68.

代史上逐渐被抬高到唯一至尊的地位，尤其是将认识主体的地位抬高到决定性地位，一旦形成“人类中心”观念且不加以控制就会造成精神境界低下、物欲横流和自然界对人类之错误行动进行报复之恶果，[①]甚至造成社会不稳定。最后，主客二元对立模式指导下的社会管理容易形成一个“暴力的等级制度”，在这个等级中一方支配甚至是主宰另一方，在美国白人/黑人的二元对立中，非裔美国人被定义为一个贬值的人。[②] 因此，二元对立思维模式的弊端不在于二分而在于夸大对立并导致一方压制另一方。

所以，当今时代，思维模式应该按照否定之否定的规律，重新回到过去但高于过去的发展趋势，形成一种新的主客一体化的思维模式，只是这种主客交融和主客一体化的思维模式是在充分了解对方的基础上，是在经过了主客二分、主客对立思维模式的洗礼和包摄了这两种思维模式的基础上的一种扬弃，是更高一级的主客一体或者主客交融模式。此模式既尊重双方的利益，又为了各自的长远利益而在双方相通相融的基础上形成一种相互制约、相互扶持以达到一种动态平衡的新思维模式，是认识中的高级阶段。

## 二、主客关系和主体间性在历史研究中的演变及影响

分析主客对立思维模式在自然学科和历史学科中的应用，首先要辨析“客观性”概念在两种学科中的不同特点。自然科学中的“客观性”具有设定条件下的共同认可、一致同意和认真操作后的全体接受的特点，其客观性之标准是有用性，因之可以用效用论判其客观与否，所以，此类客观性之延伸含义包括可接受性、普适性、一致性和有用性。其特征甚至与认识活动无关，它是在现实的认识运动过程之外形成的。对于自然科学认识运动过程本身来说，此客观性在其本质与思维方式上都是非历史性的，不受时间因素的制约。[③]

正因为自然科学的认识客体具有外在性的特征，所以可以采取主客对立

---

① 参见张世英. 哲学导论[M].北京:北京大学出版社,2016:15-16.

② Hogue, W. Radical Democracy, African American Subjectivity and John Edgar Wideman's Philadelphia Fire[J].Melus.2008,33(3):48.

③ 参见周祥森.新时期历史认识客观性研究及其反思[J].史学月刊,2009(9):97-98.

思维模式、采用外在方法进行分析,又因其非历史性的特征,即可以重复再现,因此,对待该客体的认识可以采用符合论的标准,此时只要符合客体就是正确,而不管研究者是排除主观偏见以符合事实,还是充分发挥自己的先见(偏见)以符合事实,这其实都与事物客观性本身无关,而只与能否符合客观性有关。此外,对待该客体的认识也可以采用效用论的判断标准,因其可重复性,放到实践中便可检验。而在历史认识的客观性中,"客观性"有两层含义:一是按照史料学定义进行分析,此时的客观性和史学研究者无关,可以运用主客二元对立模式进行分析,其不同点是史料的不可重复性,不可放到实践中直接检验,因此,符合论和效用论在此都略有局限。二是从史学角度进行分析,在历史认识领域,"从根本上讲,史学试图解释和理解的客体对象是人,远离我们的过去是人的过去"[①],因此,"要提醒历史学家他所要解释的人是他在人类文明中发现或发展的人和价值。当历史学家试图否认其基本意向,试图屈服于一种虚假的客观性的迷惑时——那是一种只有结构、力量和制度的历史的客观性,而不再有人和人的价值内含于其中的历史的客观性,此类提醒有时像闹钟铃声唤醒人一样发出响声。……历史的客体是作为主体的人本身"[②]。因此,历史的研究客体是人及其价值,且其价值因素随时代的变化而变化,也随研究者的变化而变化。利科认为如果把人的因素排除掉,只去认识历史的结构、制度等问题,虽有很强的客观性,虽能获得一致性的认识,但这毕竟是一种外在研究方法,是一种虚假的客观性,因此需要警惕。因为历史研究的主体和研究的对象都与人的情感因素和价值因素有关,而情感因素又支配着理性因素和非理性因素的影响,所以历史认识不能采用外在的认识方法来研究历史客体。利科更进一步强调:"因为反省能不断地向我们保证,历史的客体就是作为主体的人本身。"[③]认识到这些特点,我们就能辨清史学的客观性与自然科学的客观性的要求,认识到实现历史认识的客观性并不像自然科学所主张的那样通过清除认识的主观因素而达到,历史认识要正视和发挥主体性的积极因素,正

① Paul Ricoeur. History and Truth[M].Evanston:Northwestern University Press,1965:28.

② Paul Ricoeur. History and Truth[M].Evanston:Northwestern University Press,1965:40.

③ Paul Ricoeur. History and Truth[M].Evanston:Northwestern University Press,1965:40.

如上一节讲到的伽达默尔对文本的理解一样,要充分发挥主体的作用。因此,用利科的话说就是"我们期待历史能具有某种客观性——一种适合于它自身的客观性"①,而不是一味迷信在自然科学语境意义上的客观性。

我们回顾历史怀疑主义的观点,怀疑论者认为:"每一个历史学家都是从他自己的观点来看待文献或证据的,他的价值观、标准和兴趣爱好极大地影响着他关于过去的说法,结果,不同的历史学家给出不同的关于过去的解释。他们的'偏见'将决定或影响他们关于过去的解释,但是他们怎么去决定哪一个解释是正确的呢?"②怀疑论者持的就是主客二元对立的思维模式,认为主观与客观之间是一条不可逾越的鸿沟,认为只要有偏见就不能获得对事物的正确认识,或者认为认识的多样性的存在是我们认识过去的障碍。其实这种观点是把过去的历史或历史文本等同于自然学科中的认识客体,认为过去的历史或历史文本的意义相对研究者来说具有固定性,过去的知识也是固定不变的,因此要认识过去必须排除偏见,克服研究者与所研究的历史对象由于时空间距所造成的认识障碍,以便获得对过去的客观的知识,如有偏见则不能获得对过去的正确认识。但是,他们没有看到过去的历史及文本的意义也与研究者本人有关,研究者就在传统中、就在历史中,研究者与被研究者都是同质的人,都有感情因素的存在。此外,怀疑论及相对论都认为认识的多样性是实现认识客观性的障碍,这都是按照自然科学中的外在客观性的特点来评判历史认识的。历史认识的多样性正体现出历史对象的感情的多样性、事件进程可能性的多样性、复杂事件的立体性和事件之间联系的多样性,又因为历史认识客体本身价值因素的存在,所以强求一致的历史认识反而是用主观压制客观的表现,抑或是客观压制主观的表现,这些都不是真正的历史认识,是主客对立思维模式在历史学中应用的结果。此外,如狄尔泰和兰克虽坚信能实现对过去的认识,但也主张排除偏见,狄尔泰的暂时忘却自己和兰克"如其所是"的态度不谋而合,都是要消解理解者的主观先见或者是偏见,达到实现作者原意的目的。但是由于他们思维模式的共同错误,只能称其追求的是一种天真的客

① Paul Ricoeur. History and Truth[M].Evanston:Northwestern University Press,1965:21.

② Jack W. Meiland. Scepticism and Historical Knowledge[M].New York:Random House,1965:35.

观性,因此真正的历史研究不是消解主体,而是为了凸显主体性和好的主观性(利科语),用"好的主观性战胜坏的主观性"。[①] 只有充分发挥研究者的好的主观性,我们才能实现对历史的深刻认识。"历史学家是把他自己的人类经验用之于过去的人。历史学家的主观性变得特别突出的时刻,乃是历史在关键的时期体现出以前的人的价值的时刻,最终来说,此价值的再现只不过是对我们能理解的人的再现,如果我们不能再体验他们的经历,此价值的再现是不可能的,除非历史学家对此类价值特别感兴趣……在这种情况下,历史学家不是在研究历史,而是在研究护教论或僧徒传记。"[②]利科主张用移情的方式回到过去、理解过去以找到过去的价值,否则,在不能理解的前提下追寻价值、探究价值并不是真正的历史研究。其实,人们能回到过去,和过去交流,依靠的是史料或文本,在以史料或文本为中介的条件下,我们回到了过去,此做法是"通过时间转移的方法对另一个现在的想象到达了顶点"。[③] 这种思维模式其实超越了现实中的主客关系,即"从在场的东西超越到不在场的东西"[④],实现了主体与客体的交流,达到了主客的统一。如果我们进一步分析:"历史学家是历史的一部分,过去是他现在的过去,过去的人是同样的人类的一部分,因此,历史是人重复其同类的方式。"[⑤]由此,可以按照主体间交往的方式同情地理解历史,历史重在理解而不是判断,理解重在同情,同情分为没教养的同情和有教养的同情。[⑥] 所以,超越主客关系,实现平等主体间的交流也是历史理解的方式之一。

为什么平等主体间的交流也是历史理解的方式之一呢? 伽达默尔认为:"只有当解释学成为人们普遍的反思意识时,我们才能超越自然科学的客观化而把人类的对话和实践交往领悟为人的生存最本己的方式。解释学不仅要通过理解和解释进入传统文化的意义世界,而且要进入人类相互交往的实践世

---

① Paul Ricoeur. History and Truth[M].Evanston:Northwestern University Press,1965:30.
② Paul Ricoeur. History and Truth[M].Evanston:Northwestern University Press,1965:29.
③ Paul Ricoeur. History and Truth[M].Evanston:Northwestern University Press,1965:29.
④ 张世英.哲学导论[M].北京:北京大学出版社,2016:33.
⑤ Paul Ricoeur. History and Truth[M].Evanston:Northwestern University Press,1965:29.
⑥ Paul Ricoeur. History and Truth[M].Evanston:Northwestern University Press,1965:29-31.

界。与公民社会的政治实践一样,解释学也是后形而上学时代重建人类的共同感和实现人与人和解的现代形式。"①因此,真正的历史研究就应该上升到主体与主体的交流和理解。"解释学不是要取消科学,而是要取消科学虚假独立性的外观,使其回到人类的生活世界。"②这是因为,本来产生于并服务于生活世界的自然科学在采取主客对立的思维模式取得辉煌的成就后,使得把只是一种方法的东西当作真正的存有,甚至提出"方法优先于事物的思想"③,给人们造成了科学具有独立性的假象。从此"语言的世界解释,亦即在生活世界中用语言表示的世界经验,再也不构成提问和求知欲的出发点。如今只有从理性规律出发,可解释和可构造的东西才是科学的本质的东西。于是,尽管自然语言仍然坚持其观看和讲述的固有方式,却丧失了其不言而喻的优势地位"④。也正是科学的虚假独立性外观,使得科学愈来愈脱离生活世界,追求符号化、精准化甚至方法的单一化、重复化和客观化,甚至极端地认为"只有一种看待事物的眼光是真实的、正确的,因而也是科学的"⑤。这是对"历史认识的客观性问题"产生怀疑的思想根源和思维模式根源,即认为历史认识也应该追求精确化、追求和自然科学标准一样的客观化,认为应从历史规律出发解释和构造历史事件,追求问题的单一化求解,按照研究自然客体的方法研究有感情的人,等等。本来服务于生活的科学在主客对立思维模式指导下也开始压制生活,走向了主客对立的极端,即一方压制另一方的思维和实践,遗忘了科学产生的初衷。比如,在科学研究中不仅自然物被对象化,而且人也被事实化、对象化,人成了单纯的"事实"和"物",成了自然科学、实证科学加以实证的对象,人的社会性被遗忘了,导致了世界的异化。而伽达默尔解释学的作用就是要把科学重新拉回到生活世界中,就是要把生活语言的解释作用提升到原处的

---

① 俞吾金.杜威、实用主义与现代哲学[M].北京:人民出版社,2007:359.

② 俞吾金.杜威、实用主义与现代哲学[M].北京:人民出版社,2007:360-361.

③ 俞吾金.杜威、实用主义与现代哲学[M].北京:人民出版社,2007:360.

④ [德]汉斯-格奥尔格 · 伽达默尔.真理与方法:哲学诠释学的基本特征(诠释学Ⅱ)[M].洪汉鼎,译.北京:商务印书馆,2013:423.

⑤ [德]尼采.历史的用途与滥用[M].陈涛,周辉荣,译.刘北成,校.上海:上海人民出版社,2000:91.

地位。因为,生活世界“本质上是与主体性相关联”[①],“即我们在其中作为历史存在物生存者的整体”[②],既是整体就该坚持主客一体或主客统一,虽则主客二分是必要的,主客对立也有一定合理性,但是主客对立的走向一定是主客统一而不是主客分裂,这是问题的关键。又因为真正的历史研究是主体与主体的交流和理解,况且,人是有理解的存在,生命的存在是一种理解性的行为,所以,真正的历史研究也是以生命理解生命,历史研究“正如对有生命的统一有机体一样,我们当然可以从外部去考察和分析它,但只有当我们返回到它的隐蔽的根源时才能够理解它”[③]。而“有生命之物事实上绝不可能被对象意识、被企图探究现象法则的理智努力所真正认识。有生命之物不是那种我们可以从外界达到对其生命性理解的东西。把握生命性的唯一方式其实在于我们内在于它”[④],是“内在的东西在观看内在的东西”[⑤]。伽达默尔还指出,“理解和解释并不像狄尔泰所说只是对固定在文字中的生命表现起作用,而是涉及人与人之间以及人与世界之间的一般关系……因此,理解能力是人的基本素质,它使人能够与他人共同生活,特别使人能够达到语言并能进行互相的谈话”[⑥],由此,伽达默尔认为:“真正的历史对象根本就不是对象,而是自己和他者的统一体,或一种关系,在这种关系中同时存在着历史的实在以及历史理解的实在。一种名副其实的诠释学必须在理解本身中显示历史的实在性。”[⑦]伽达默尔之所以认为真正的历史对象根本就不是对象,而是自己和他者的统一体,或一种

---

① [德]汉斯-格奥尔格·伽达默尔.真理与方法:哲学诠释学的基本特征(诠释学Ⅰ)[M].洪汉鼎,译.北京:商务印书馆,2013:352.

② [德]汉斯-格奥尔格·伽达默尔.真理与方法:哲学诠释学的基本特征(诠释学Ⅰ)[M].洪汉鼎,译.北京:商务印书馆,2013:353.

③ [德]汉斯-格奥尔格·伽达默尔.真理与方法:哲学诠释学的基本特征(诠释学Ⅰ)[M].洪汉鼎,译.北京:商务印书馆,2013:355.

④ [德]汉斯-格奥尔格·伽达默尔.真理与方法:哲学诠释学的基本特征(诠释学Ⅰ)[M].洪汉鼎,译.北京:商务印书馆,2013:360-361.

⑤ [德]汉斯-格奥尔格·伽达默尔.真理与方法:哲学诠释学的基本特征(诠释学Ⅰ)[M].洪汉鼎,译.北京:商务印书馆,2013:361.

⑥ [德]汉斯-格奥尔格·伽达默尔.真理与方法:哲学诠释学的基本特征(诠释学Ⅱ)[M].洪汉鼎,译.北京:商务印书馆,2013:414.

⑦ [德]汉斯-格奥尔格·伽达默尔.真理与方法:哲学诠释学的基本特征(上卷)[M].洪汉鼎,译.上海:上海译文出版社,2004:8(译者序言).

关系，是因为“他人或另一个自我显然不是一般的物和客体，而是与我一样的认识主体(胡塞尔语)”①。他认为的历史对象是历史的实在和历史理解的实在都存在于其中的关系，也就是内在的东西在观看内在的东西，要“在你中重新发现我”②，从而达到对双方的理解，即达到主体之间的交互主体性关系。所以，历史重在内在理解，而不是一味地外在分析和说明。鉴此，历史研究要比自然研究更为复杂：不单是外部分析，更在于内在思考，不单是主客交融，更在于去客体化的更高层级的研究，即主体与主体之间的交流和对话。

## 三、“历史表现”理论内含的思维模式

史学不只是传统认识论中主体对客体的认识，更是主体与主体之间的理解、交流和对话，那么，历史研究怎样实现主体与主体的交流和理解呢？这又要分析表现、模拟物和历史文本的作用。柏拉图认为原型优于摹本，但伽达默尔认为原型是通过绘画才得以表现，因此，表现对于原型来说具有优先性。③伽达默尔还认为：语言具有使世界得以表现和继续存在的作用，或者说，“能被理解的存在就是语言”，即我们只能通过语言来理解存在。④

安克斯密特则分析了“历史表现”一词，认为“表现不同于说明。表现的特质是在场性，它不需要作出预设，即不需要预先设定有一个独立于历史学家的过去，也不需要预先设定有一个先验的观念的存在，表现就是叙述其所是。表现的在场性是说表现与被表现物并无二致。当表现‘表现’了被表现物，表现就取代了被表现物，表现的在场使被表现物退场”⑤，即“从在场的东西超越到不在场的东西”⑥。他举例说：“信徒‘通过’其形象向上帝祈祷，最终将把其对

① 韩震.西方哲学概论[M].北京：北京师范大学出版社，2006：334.

② John B.Thompson.Critical Hermeneutics：A Study in the Thought of Paul Ricoeur and Jürgen Habermas [M].Cambridge：Cambridge University Press，1984：38.

③ 参见[德]汉斯-格奥尔格·伽达默尔.真理与方法：哲学诠释学的基本特征(诠释学Ⅰ)[M].洪汉鼎，译.北京：商务印书馆，2013：vi (译者序言).

④ [德]汉斯-格奥尔格·伽达默尔.真理与方法：哲学诠释学的基本特征(诠释学Ⅰ)[M].洪汉鼎，译.北京：商务印书馆，2013：xi-xii(译者序言).

⑤ 李杰.历史观念：实践历史哲学的建构[M].北京：人民出版社，2013：31.

⑥ 张世英.哲学导论[M].北京：北京大学出版社，2016：33.

上帝的虔诚转移到形象上，而它们只是用来‘疏导’他或她的虔诚。在这里，实际上，模拟物在先不容否认地是历史学和精神分析学的事实……信徒明显把上帝的形象或模拟物体验为在本体论上优先于上帝本身，那么上帝的表现就变得比上帝本身‘更真实’。这样，模拟物就取代了实在。”①而历史文本就是历史领域中的模拟物和替身，在此“我们用史学补偿本身不在场的过去”②。真身隐去而替身出现，“鉴于表现与其所表现对象在本体上是平等的”③，这时的历史认识就是认识主体与历史文本之间的“面对面的”交流和认识，实质是一种过去和现在的交流。

由于历史认识客体中的实物资料最终也要依靠文字资料，所以，所有的历史研究都是直接或间接地通过历史文本进行的。从这一层意义上来说，德里达所谓的“文本之外别无他物和超出文本之物并不存在”④的观点是有一定道理的。因为除史料之外，我们无法直接触及过去的实在。历史文本既可以当作历史认识的客体，用外在分析的方法来研究说明；但是它同时更是一种精神产品，是观念形态的东西，是记录者主体意识的产物，有记录者的主观意念和感情渗透其中，从这方面理解，又不能简单地把历史文本当成历史认识的客体来对待，历史文本的意义不能透过外在表象来完全把握的，而只能深入历史文本中理解它。因此，历史文本从此角度分析当然可以说它是历史认识的客体，但不如说是历史认识的对象主体。伽达默尔通过哲学解释学“让文本说话”，并提出了“问答逻辑”，这样，“世界、文本就不是客观的实体，而具有了主体的地位，这实际上就是一种主体间性”，⑤一种本体论上的主体间性，这样认识主体与文本之间的对话便能达到视域融合。这实际上把历史研究从关注认知上的“主客”关系转向关注主体与主体之间的关系，进而把历史现象不再看作客

---

① ［荷兰］弗兰克·安克施密特.历史与转义：隐喻的兴衰［M］.韩震，译.北京：文津出版社，2005：239.

② ［荷兰］弗兰克·安克斯密特.历史表现［M］.周建漳，译.北京：北京大学出版社，2011：11.

③ ［荷兰］弗兰克·安克斯密特.历史表现［M］.周建漳，译.北京：北京大学出版社，2011：12.

④ Keith Jenkins.On“What is History”：From Carr and Elton to Rorty and White［M］.London：Routledge，1995：18-19.

⑤ 杨春时.从客体性到主体性到主体间性：西方美学体系的历史演变［J］.烟台大学学报（哲学社会科学版），2004(4)：382.

体，而是看作对象主体，并在平等性的基础上确认自我主体与对象主体间的共生性。这样，历史研究中的"存在"既不是客体性的，也不是主体性的，而是主体间的共在。传统哲学研究的"存在"范畴或是单纯的客体性的，或是单纯的主体性的，都不能摆脱主客对立的思维模式，主体间性作为本体论的规定是对主客对立的现实的超越。历史认识模式也从主客二分上升到主客交融，进而提升到主体与主体的交流和对话，由辨析历史认识的客观性阶段进入历史理解的深刻性阶段。

在历史研究或交流中，如果发现对过去的解说是多样的、增殖的，只要这些解说的增殖使我们距历史真理更近，也有助于学术准则的完善和理解具体的过去的准则得到完善，我们就要尊重这些多样的、增殖的解说，而不是一味追求确定性与完全精确性的解说，在这一意义上，史学学科意在教育或教化，而非知识。[①] 因此，历史表现高度重视表现的增殖或解说的增殖，重视产生出更为斑斓多姿的表现或解说，而不是重视某一表现或解说的完善。历史洞见不是一种对先前可供选择的解说或观点的持续"收敛"，而是各种可能观点的"爆炸"。因而，它的目的是通过产生新的可供选择的表现去除先前表现具有确定性与精确性的幻影，而不是通过对此前表现之对错的精心分析获得真理。[②] 所以，如果把客观性理解为精确性和确定性，要求历史认识也和自然科学（尤其是经典物理学）那样追求精确性的做法是不可取的。同样，在历史叙述中，如果追求井井有条的平滑叙事，使"原本的断裂、破碎处被弥缝……于是，在话语的文从字顺中，原本朴直粗糙的历史在被精致化的同时事实上是被扭曲了。我们获得的是掌控，失去的是本真"[③]。因此历史解释与理解的多样性正是史学的特点之所在。

怎样看待历史文本在历史实在中的替身作用呢？替身毕竟是替身，不能等同于历史实在，但是，当我们采用主客统一的思维模式、主体间交流的思维模式和文本进行"充分交谈"后，在崇高历史经验和浓厚历史感的共同作用下，

---

① ［荷兰］弗兰克·安克斯密特.历史表现［M］.周建漳，译.北京：北京大学出版社，2011：15.

② ［荷兰］弗兰克·安克斯密特.历史表现［M］.周建漳，译.北京：北京大学出版社，2011：16-17.

③ ［荷兰］弗兰克·安克斯密特.历史表现［M］.周建漳，译.北京：北京大学出版社，2011：12-13（译者前言）.

一旦受外界条件的提醒或刺激，此时替身便隐而不见，一幅关于过去的历史画面就会呈现在作者或读者眼前，此时的历史认识就上升到了新的高度。犹如吉本于教堂阶梯上沉思提图斯（古罗马皇帝，即位后建凯旋门）广场遗迹的一瞬间所产生的历史实感一样[①]，以及布克哈特于夜幕降临后为躲避雷雨在意大利一所暗黑的教堂里所遭遇的情形一样：由于雷声和闪电的作用，布克哈特在神圣的教堂里“看到了”教堂建筑师阿诺尔弗及其同事、但丁、伽利略、马基雅维利等人物，雨还在下，闪电更猛烈、震耳的雷声回荡在教堂中殿，“我”也在历史的画面中从一幅画走向另一幅。[②] 试想，如果吉本和布克哈特融入历史文本，但只是把文本当作简单的认识工具来外在对待的话，那么这样的历史经验、历史实感是难以产生的。所以，在正常情况下，对待历史文本，犹如对待日常工具，“懂得使用工具的人不会把工具当作客体，而只是使用它，同样，此在在其存在和世界中得以领会自身的理解也绝不是和某种认识客体打交道，而是实现它的在世存在本身”[③]。

这也正是历史感在历史研究中的重要性表现：“历史感，是一个历史时代的整个社会风貌、心理习俗、意识形态、生存条件等汇成的时代气息，传送到史学家头脑中的一个综合信息。它不是一种什么具体的意念，而是一种综合的、模糊的，但似乎又能触摸得到的东西，是史学家从广泛的历史资料中获得的一种特有的意境。”[④]“没有历史感的人，是无法理解历史的。如果我们获得了对于某个时代的历史感，那么，这个时代所发生的一切，在我们的理解中都会是题中应有之事，是理所当然的。否则，许多现象都令人不可思议。……许多历史现象，在今天看来是不可思议的，但在历史上却是那样自然地发生了。不可思议的原因不是古人的荒唐，而是今人昏昧，是我们缺乏历史感的表现，是我

① Hayden White. An Old Question Raised Again: Is Historiography Art or Science? (Response to Iggers) [J].Rethinking History, 2000, 4(3): 403.

② Frank Ankersmit. Sublime Historical Experience (Cultural Memory in the Present) [M]. Standford: Standford University Press, 2005: 162.

③ [德]汉斯-格奥尔格·伽达默尔.真理与方法：哲学诠释学的基本特征（诠释学Ⅱ）[M].洪汉鼎，译.北京：商务印书馆，2013：416.

④ 李振宏，刘克辉.历史学的理论与方法[M].开封：河南大学出版社，2008：190.

们忽视了对历史客体历史性的分析。”[①]“如果你有历史感的话，那么，你就可以进入历史，与客观的历史融解、融合，那时你就被历史带了进去，你就不仅仅是在观察，而且还在欣赏和理解历史。”[②]

总之，二元区分是认识的必要过程，但是走向极端的二元对立却是错误的思维方式，按照黑格尔的话：“在这样分解事物的过程中……生命便僵死了，因为生命只能在具体和整体中存在。如果我们试图去把握与理解对象的话，没有这种分解是不行的。精神本身就是一种内在的分解物。错误在于忘记了这只是认识过程中的一个方面，而主要之处在于将分解的各个部分重新联合起来。”[③]因此，“对于认识而言，解剖只是一个环节，复活才是根本目的”[④]，用主客统一或本体论上的主体与主体交往的思维模式来理解历史反倒是返回到了本真的历史，反映出生活世界中人与人的本真关系。

---

① 李振宏，刘克辉.历史学的理论与方法[M].开封：河南大学出版社，2008：191.

② 朱孝远.史学的意蕴[M].北京：中国人民大学出版社，2002：105.

③ Georg Wilhelm Friedrich Hegel. The Logic of Hegel[M].Oxford：Oxford University Press，1892：80.

④ 周祥森.反映与建构：历史认识论问题研究[M].开封：河南大学出版社，2010：276.

# 第二章

# 史学求真的曲折历程及影响

针对历史认识的客观性问题,如从主客关系分析,此时的客观性有两种含义——"体现符合论特征的客观性称为客观性的实在论定义"和"体现效用论特征的客观性称为客观性的方法论定义",在此语境下得到的历史认识是一种达到主客一致的正确认识,于是史学之求真在此所为在于求得史实之真,即事实与因果解释之真,其实是物之实;如果从主体间性分析客观性的定义,即"保证所有认真调查研究它们的人都能接受"[①],在此语境下的求真既可以是求物之实,也可以是求人之真或求历史书写结构之真。但是求人之真与求结构之真其前提必须是所求物之实,此乃史学之根基,因为文学也可以创设虚拟人物和事件并通过讲故事的方式探求人性的真实和情感的真实,所以为求得人之真不能歪曲史实,而求得书写结构之真还要考虑道德因素,比如对书写大屠杀历史的情节安排的人性考虑。因此,历史书写不仅要求内容之真之实,而且还需要恰当的表现形式来完善、支撑其内容;同样历史书写无论形式多么完美,情感表达多么贴切,其内容的真实性都是其有效与可行的保障。优秀的历史文本,其内容之真和形式之真是有机融合在一起的,体现一种历史之真,因此史学求内容之真和求形式之真虽用意各有不同,但是其最终目的都是为求历史整体之真,如若不顾及其语义、语境及语用之因素影响,而以此真批驳彼真,则是单纯二元对立思维模式的表现,也是需要反对的。[②] 史学之求真如若分层讨论,有求内容之真、求解释之真、求形式之真,其实都是史学整体之真的要求。史学之真是史学之求善与求美的基础,其实优秀的史学作品,其整体正是真善美的有机统一和融合。

在史学学派上,客观主义史学和实证主义史学都力求史学内容之真实,然而两者的针对性和侧重点有所不同。

---

① [英]沃尔什.历史哲学导论[M].何兆武,张文杰,译.北京:北京大学出版社,2008:92.

② 参见陈新.实践与后现代史学[J].学术研究,2004(4):20.

## 第一节　史学追求内容之真的方法及历程

### 一、史学求内容之真的曲折历程与努力

内容之真实性乃史学的精髓，是史学存在的生命、灵魂与特性，亦是区别于其他学科之“最本质特征”[①]。仅从内容上分析，史学以人类之进程为研究对象，通过适当考证以求得正确论述人类进程为目的，此乃史学内容上之求真。[②]求得内容之真实是史学得以传承的基础，是真史批驳伪史并揭其虚伪的证据来源，更是史学教化作用目的得以实现的依据。如若没有真实或真理作为人们认识和行动的指南，那么，人们会由于历史参照系的歪曲而产生对正义追求的困惑，史学的道德教化作用和证明作用也就会因此淡化甚至遭到质疑。正因如此，中外史学对追求史学内容之真实都有良好的传统，在中国古代有不畏权势而书“赵盾弑其君”和不惜牺牲生命而直书“崔杼弑其君”的例子，通过此类事例可知求真精神之可贵。古希腊时期的修昔底德的考信精神、实地调查的求实精神及史料批判原则亦影响深远，被 19 世纪西方的客观主义史学家们奉为圭臬。修昔底德提出严格的史料批判原则，主张所描述的事件，必须是经过仔细考证后的自己亲见的事件或者别人所亲见的事件，既要注重第一手资

① 田颖.论求真：历史学存在之灵魂[J].山东教育学院学报，2010(2)：27.

② 参见刘家和.史学、经学与思想：在世界史背景下对于中国古代历史文化的思考[M].北京：北京师范大学出版社，2005：14.

料，又要注重实地调查所获取的资料。①

作为中世纪史学的先行者——早期教会史学家，其以虔诚的基督徒身份站在信仰的立场上书写历史，为此，史学家将历史事件塞进一个预制好的框架中，其所选取的材料往往是偏向于有利于基督精神的材料，对不利的材料不惜篡改与伪造。中世纪时期，出于信仰，基督教史学家心目中的真实其实是由信仰确保的，既是由信仰确保，人们怎能怀疑所有历史行为不是上帝为之安排的呢？既然上帝已安排好了一切，史学家只要按编年史或年代记录事件即可，至于历史事件的意义和史学家的意图则没必要过多思考。当然并不是所有中世纪的史学家都是如此，其中优秀的史学家另当别论。甚至在宗教思想影响下，史学也实现了自己的社会功能，比如，其为社会树立的虔信典范，既起到伦理导向的作用，也起到稳定社会的作用。②

西方整个中世纪时期都是神学历史观占据统治地位的时期，此时的人类历史被认为是由超自然的外力所支配的，历史的进程是上帝或天意的实现和见证。发生在 14—16 世纪的文艺复兴使西方史学开始觉醒，也由于自然科学的进步，人们逐渐从“人”而非“神”的方面去研究历史。此后，18 世纪启蒙运动的进展使理性主义得以觉醒，理性主义认为历史发展的动力是普遍的理性，相信历史运动本身的前进性和可预见性，因此，批判宗教愚昧和封建专制，探究人类理性以启迪民智，成为当时历史学的任务。在理性主义影响下，曾经决定历史的天意，其强烈的人格性逐渐淡化，直至消融于自然之中。③ 但对理性的无限信赖与夸大，不仅导致了历史乐观主义的产生，还导致人们强制性地用该理念来组织史料，以此构建成一个统一的历史叙述。④ 例如康德于 1784 年在其文章《世界公民观点之下的普遍历史观念》中讲到：整个人类历史可视为一幕“大自然的隐蔽的计划的实现”，因此人类历史是合目的性与合规律性的两重性，并为人类的美好前景做好规划，即人类的历史趋向于“完美的国家宪

---

① 参见张广智.西方史学史[M].上海：复旦大学出版社，2004：26-27.

② 参见张广智.西方史学史[M].上海：复旦大学出版社，2004：75-101.

③ 参见何兆武，陈启能.当代西方史学理论[M].上海：上海社会科学院出版社，2003：3-4.

④ 参见王志华.兰克史学的二重性：先验与经验[J].燕山大学学报(哲学社会科学版)，2013，14(1)：53.

法”与“完美的公民结合状态”。[①] 此外，批判理性主义史学由于过分强调历史进程的必然性与共性，而轻视历史的偶然性和单个个人的具体诉求。19世纪自然科学获得空前伟大的成功，于是历史学者参照自然科学方法推动形成了客观主义史学和实证主义史学，他们的目的都是力求史学内容之真实。因此19世纪历史学进入自己独立的阶段，史学家在为史学成为一门独立的学科门类而努力。然而，此后关于史学内容之客观真实的质疑声并未销声匿迹，怀疑主义、相对主义以及后现代主义的相关观点都有质疑或否定史学内容客观真实性的观点，史学内容之客观真实性的观点是在质疑声和辩护声中曲折前行的。然而真实性始终是不能否定的观点，维护史学的真实性道路虽艰，但其可欲性是史学探究的动力所在，因其是史学学术地位存在的根基所在。

## 二、客观主义史学求内容之真的方法论

由于自然科学的“科学”一词本身代表着物质的客观性，而且随着自然科学成就的扩展、应用与深入人心，这种“客观性”的概念被大众广泛接受与采纳，“客观性”成为人们衡量与判断某门学科或某种知识的价值准则，于是近代思想中真实性的概念逐步以自然科学的客观性为标准。[②] 客观主义史学便是在此背景下产生的，然而客观主义史学中的“客观”却是片面和极端的客观性主张，即仅为求得史料之真实性。

### （一）严密的史料考证与如实直书的史学写作要求

客观主义史学之“客观”即意味着求真，于是其如实直书成了“科学”历史学追求的写作目标，为此达成目标甚至要求研究者弥灭自我。比如：“兰克决心严格遵守历史事实，不说教，不讲道德垂询，不修饰任何故事，而只是讲一个简单的历史事实。他唯一的目标就是如实直书。真理和客观性是兰克的最高

---

① [德]康德.历史理性批判文集[M].何兆武，译.北京：商务印书馆，1990：6-17.

② 参见张广智.西方史学史[M].上海：复旦大学出版社，2004：235-237.

目标。”[①]只是兰克的要求既极端又天真，他认为只要重视史料的搜集和考证，然后客观公正地对待史料就可以不带感情色彩地得出客观历史的真相。兰克的做法其实是把历史学降到史料学标准来对待的。此外，阿克顿也主张：“历史书写要力避发挥不必要的议论或拥护某一立场。”[②]

其实，客观主义史学要求的弥灭自我，其思维模式是主客二元对立思维模式，即为了达到认识的客观性，认识主体必须舍弃自己的主观价值甚至其他的主观因素。该思维模式其实是自然科学研究的思维模式，自然科学持此模式可以取得一定成就，是因其认识的客体即自然现象不以认识主体的意志为转移，自然研究的认识主体可以在各种理论指导下探究其客体的属性和规律，但因其认识客体和认识成果（揭示出的自然规律）都是客观的、不以人的意志为转移的，要达到认识目的，必须在试错过程中舍弃一些与认识客体属性无关的主观因素。所以，认识自然现象要求认识过程客观公正、认识结果具有一致性，这些都是由其认识对象的特点决定的。史学在参照自然科学进行研究时，如果认为史学家是认识主体一方，史料是独立于史学家的认识客体，那么，史学家用主客二元对立思维模式考订文献或历史文本时，就会相信有一个确实发生过的过去存在，此过去犹如自然现象一样是不以人的意志为转移的，史料本应该如其所是加以记载，但是，“至于有记载上主观失实之处，史学上通过同质或异质史料交叉互证等一系列方法论原则与技术均可保证对它的校正。总之，在历史遗迹及史实记载与其原始历史事实之间存在着由普遍接受的标准方法程序保证了的严格的可翻译性，而这最终又是由史料原则上的可经验实证性所决定的”[③]。这与兰克发展的一整套“内证与外证相结合”[④]的史料批判

① Georg G. Iggers. The Image of Ranke in American and German Historical Thought[J]. History and Theory, 1962, 2(1): 21-22.

② [英]古奇.十九世纪历史学与历史学家[M].耿淡如，译.北京：商务印书馆，1989：617.

③ 周建漳.历史哲学[M].北京：北京大学出版社，2015：107.

④ “外证”法即通过史料表现的形式，如语法、体例等是否合乎史料生成年代的规范来确定史料的真伪，通过不同著作、不同版本的相互校勘，使史料真伪毕现；“内证”法是通过对那些不同人所著内容相同的史料进行参照分析，结合撰史人的身世、性格、心理等各方面的考察，确定史料的可信度，该模式为欧洲近代史料批判和文献考证学的规范化发展提供了具体而有效的范例。（参见张广智.西方史学史[M].上海：复旦大学出版社，2004：233.）

方法是一致的,在严格的主客二元对立思维模式下与严格的史料考据方法规范下,弥灭自我偏见的方式确能有效地排除史学研究中的虚拟成分、歪曲成分以及不合理的想象因素和情感因素,进而辨明文献记载中的事件的真伪,从而保证历史认识在史料真实层面上与自然科学拥有同样的客观性与一致性。由此,客观主义史学主张的如实直书之如其所是的目标得以实现,该学派对史料学的发展确实作出了自己的贡献。

如若只为"如实直书"而极端地将个人的主观意愿和价值判断从历史研究中排除出去,并认为自己负责照管着事实,至于历史意义则是由"上帝"照管,这是典型的事实与价值二元对立的思维模式。历史领域中持事实与价值对立的二元论者,其根本错误在于把历史事实概念按物理主义理论来解释,因而无视历史事实的特殊性,甚或将历史事实排除于事实概念之外。其实,事实与价值的二分也并不适用于所有自然领域,在道德领域更是无从谈起,至于历史领域事实与价值的融合虽未如道德领域明显,但两者绝非截然对立。历史事实其本身乃人活动之事实,内含当事人的价值目标,该事实的当时意义、事态发展后的意义,对不同研究者甚至同一研究者于不同时间都内含不同意义。单从是否值得研究的选择本身就内含价值,因此,历史事实本身就具有内在价值,价值本来就是社会事实的组成部分。离开价值导向将没有客观性,那些以为拥有价值观念一定会妨碍我们认识客观性的人,就像康德所说的以为鸟类可以在真空中飞得更好一样。① 所以,同样是主客二元对立思维模式,历史领域中的思维还是有别于自然领域的思维。

相同思维模式的应用之所以有自然领域和历史领域之别,是因为关于自然的认识客体具有客观性、在场性与可重复性,而关于历史的认识客体由于其本身的不在场性,也由于其"不像砖头那样是坚硬的、冷冰冰的、轮廓分明的、可测重的东西",②因此直接的符合论标准并不完全适用。又因其得以在场是由于文献或历史文本的记载,或历史遗迹的反映,即"仅仅是一个符号标志,一

① Agnes Heller. A Theory of History[M].London:Routledge & Kegan Paul,1982:132.

② Carl Backer. What Are Historical Facts? [M]//Hans Meyerhoff. The Philosophy of History in Our Time. New York:Doubleday Anchor Books,1959:123.

个简单的陈述……且历史学家也不能直接与事件打交道，因为事件本身已经消失，他所能直接面对的是关于这一事件的记载”[①]，更因历史记载内含记载者的感情因素与价值选择因素，因此，同样是二分思维，但史学领域是二分但不对立，换言之是二分且互补。正因如此，辨正史料也要充分发挥主观性，深入文本，而非弥灭自我。

如果只是把历史当作史料学，虽然能写出人人认可的历史事件，也能写出“令法国人、英国人、德国人都满意的滑铁卢战役（阿克顿语）”[②]，但如严守“一分史料说一分话”的史学研究标准，此类历史研究便会因史料之限制而舍弃史学的可读性、精彩性、深刻性甚至是整体的真实性，从而写出一段“没有色彩的历史”[③]。即使是面对经考证后确证的全部史料（如果能实现的话），史学家如果只要求自己像一面虚己以待的平面镜而完全被动地反映之，而非如画家对素材主动选择而加工成一幅有意义的图画那样，那么史学最终也摆脱不了终极史学的命运而走向终端。正如 19 世纪末至 20 世纪中期，持类似信念的史学家颇自得但又有所失落地表示：在个别史学研究领域，其史料已搜罗齐备，研究业已足够深入，历史学家的诸般考证技艺亦使用殆尽，后人便对此再也无事可做了，这在物理学发展史中亦有类似之经历，这是当时物理理论在常规科学阶段的短视，史学研究如果持“史学即史料学”之观点，也会有阿克顿“终极历史”之说法。[④] 此类“终极历史”之说，仅从史料的真实（质性探究）和数量的齐全（量性统计）上进行论述，而对研究者的个人动机、兴趣爱好，对史料的理性分析和意义探究都予以回避。如果把史料之真作为史学之终极目的，那么此时的历史研究思维便是一种参照自然科学研究模式的主客二元对立的思维模式，若真如此，此时的相关历史研究也真的走到了尽头，后人也真的无事可做了。正如刘家和先生所言：“如果认为只要采取客观主义的态度并搜集足够的

---

① Carl Backer. What Are Historical Facts? [M]//Hans Meyerhoff. The Philosophy of History in Our Time. New York: Doubleday Anchor Books, 1959: 124.

② [英]古奇. 十九世纪历史学与历史学家[M]. 耿淡如，译. 北京：商务印书馆，1989: 617.

③ Georg G. Iggers. The Image of Ranke in American and German Historical Thought[J]. History and Theory, 1962, 2(1): 26.

④ 什么是历史？——彭刚教授在中国人民大学的讲演[EB/OL]. [2023-10-20] http://www.360doc.com/content/19/1114/22/61492514_873237472.shtml.

资料便可以完全地反映历史过程之真,像明镜鉴物和虚空传响一样,那么史学就不会有太多的发展余地。因为,一旦史学家的角色变得像反光镜和传声筒一样,那么就成了完全被动的反映的工具,还有什么史学的发展可言?”①



因此,史实的真实性虽是史学的基础,但史学的精神所在,是以史实为起点而以阐释与论断为更高追求,因而执着于“真”而在史料层面裹足不前是没有出路的。

## (二)宗教关怀中的先验与经验、主观与客观关系

客观主义史学代表尼布尔出于宗教信仰努力地追寻着剥离了虚拟成分的历史事实,其求真还有为普鲁士政治服务的目的。另一代表兰克也是出于同样的信仰和政治目的去发现历史事实。兰克“不相信历史学家的职权是指出人类历史上的神圣天意”②,因此,兰克是出于宗教信仰而研究史学的。同样是由于虔诚的信仰,为什么中世纪史学家对不利于基督精神的材料甚至不惜篡改与伪造,而兰克却要坚持如实直书呢?这说明“主观偏好对于认识的客观性的影响亦不是决定性的”③。主观偏好可以促进认识的深入与进步,但是也可以使认识走入误区与退步。莫顿·怀特从历史解释的心理学和逻辑学区分入手,认为心理上的主观并不一定会得出认识上的主观,但是他提出要设置一个外在检验机制来保证认识的客观性。④ 保罗·利科从好的主观性与坏的主观性的区分以及好的客观性与坏的客观性的区分来保证认识的客观性⑤,当然也有论者如王志华从先验与经验的区分展开论述⑥。因此,“历史学家的好恶、偏

---

① 刘家和.史学、经学与思想:在世界史背景下对于中国古代历史文化的思考[M].北京:北京师范大学出版社,2005:16.

② Georg G. Iggers. The Image of Ranke in American and German Historical Thought[J].History and Theory, 1962,2(1):21-22.

③ 周建漳.历史哲学[M].北京:北京大学出版社,2015:202.

④ Morton White. Can History Be Objective? [M]//Hans Meyerhoff.The Philosophy of History in Our Time. New York: Doubleday Anchor Books,1959:199.

⑤ Paul Ricoeur. History and Truth[M].Evanston:Northwest University Press,1965:39-40.

⑥ 王志华.兰克史学的二重性:先验与经验[J].燕山大学学报(哲学社会科学版),2013,14(1):51-55.

见并不排除其……达到客观结论的可能性”①,甚至在正确偏见(称之为前见更贴切)的前提下,史学家越有自己的前见,其史学著作就越独特,如果加上渊博的学识、厚重的历史感,那么其独特的著作就是优秀的史学作品。因此,关于史学研究者的主观性,其正确做法的底线乃是不为自己的主观目的而故意歪曲史料或编造史学作品。

其实,客观主义史学代表人物兰克本人的研究,既是基于宗教信仰也是基于对法国大革命的恐惧,并且“他的大部分作品都是无意识地站在普鲁士的保守主义行动的立场上写出来的,因此兰克并没有成功地做到完全客观”。② 比如,同样是宗教信仰,兰克对待区域史的态度也与自己的爱好有关,“通过研究他的私人生活,我希望不仅能了解兰克个人,而且还能进一步了解作为学者的他。由于他的妻子来自爱尔兰,我对他的英格兰历史著作进行了简短的考察,并将他对爱尔兰历史的处理与他对英国历史的描述作了对比。研究发现,兰克的爱尔兰历史著作是用亲天主教的观点写成的,这与他一贯支持新教的观点背道而驰。研究还发现,和许多其他历史学家一样,兰克在历史叙述中并不总是严格遵循他自我设定的目标”③。因此,“具有讽刺意味的是,兰克扮演了两个截然相反的角色:在美国,他只是被部分地理解为一种本质上的实证主义方法的祖先;而在德国,作为新理想主义历史学家的灵感来源,以此抵制西方历史学家对历史的理性主义和实证主义的态度”④。尤其是兰克所持乃西方中心主义,兰氏用此判断东方历史知识得出中国只有编年史,并没有真正意义上的史学,至多能称之为“自然的历史”,所谓“自然的历史”,乃沿用黑格尔的概念,即认为中国史学家缺乏对历史的哲学思考。⑤ 由此可见其西方中心论偏见

---

① Morton White. Can History Be Objective? [M]//Hans Meyerhoff. The Philosophy of History in Our Time. New York: Doubleday Anchor Books, 1959: 199.

② Georg G. Iggers. The Image of Ranke in American and German Historical Thought[J]. History and Theory, 1962, 2(1): 26.

③ Andreas Boldt. Ranke: objectivity and history[J]. Rethinking History, 2014, 18(4): 457.

④ Georg G. Iggers. The Image of Ranke in American and German Historical Thought[J]. History and Theory, 1962, 2(1): 18.

⑤ Georg G. Iggers. Historiography in the Twentieth Century: From Scientific Objectivity to the Postmodern Challenge[M]. Hanover, NH: Wesleyan University Press, 1997: 30.

之所在,因此,兰克所谓的客观于此而言却是更隐蔽的主观,亦可称为最隐蔽的偏见。其实只要是史学写作,都不可能做到完全客观,都不可能仅仅描述历史而不做解释,兰克指出其《拉丁和条顿民族史》这本书并不敢期望完成评判过去、教导现在、以利于未来的崇高任务。[①] 事实上,也没有哪一位客观主义史学家不在教导现在,所以,客观主义史学主张的求真只能是天真的求真。

### (三)史料的可信性与整全性

客观主义史学主张历史研究应当建立在坚实可靠的史料基础上,为此制定了一整套史料考证方法,但是史料除其坚实又可靠之外,还应考虑到详尽,否则依此类条件书写的历史,也会出现部分之真而整体不真的情况。由于他们主要重视政治军事内容且主要依靠官方资料,但是记载同一事件的官方资料和民间资料在其真实性上、数量上甚至是记载性质上存在极不对等性,因此,单纯依靠官方史料会把部分群体当作“他者”来对待,进而忽略掉他们的正当需求,也会掩盖部分真相,甚至研究者本人也未能意识到其本身所隐含着的特定的意识形态,如果他们借着历史真相之名或打着科学的旗号却在张扬着自己的价值偏好,那么他们主张的这种客观性其实是最主观且带隐蔽性的价值渗透。因此,客观主义史学“所尊崇的如实直书的家法”[②]在史学写作中并未完全实现。

客观主义史学的目的仅在于说明过去事情之真实情况,其史学编纂之最高法则乃在于强调严谨的事实陈述,因此,该学派的求真仅是考订史料之真实与部分揭示史实之真相,而在构建史学之真知、洞悉历史之真理及探求史学规律之导向作用方面该学派却闭口不谈,这样,最终确立科学历史学的重担就落在了实证主义史学家的肩上。

---

① 参见[英]古奇.十九世纪历史学与历史学家[M].耿淡如,译.北京:商务印书馆,1989:178.

② 顾晓伟.试析曼德尔鲍姆对历史相对主义的驳论:基于历史知识客观性问题[J].历史研究,2016(2):61.

## 三、实证主义史学求内容之真的方法论

客观主义史学家和实证主义史学家都主张将史料的影响作用置于史学研究的第一位，为此都强调对史料进行探本溯源的严密考证，以保证史料的正确性。因此，实证主义中"实证"一词内含的真实与精确之义与客观主义史学之要求正相吻合，双方都主张参照自然科学的思维模式，力图使自然科学的"科学"概念同样涵盖历史学，进而为历史学职业化、科学化寻找牢固的理论根基。只是在史学研究的层次上，客观主义史学仅停留在确定事实的层面上，却回避事实的价值与用途，为此，实证主义史学除确定事实之外还要探寻规律，试图通过历史规律解释历史事件，其研究层次远比客观主义史学深入。①

其实，实证主义史学的意思有以下几种：最普通的意思是可以经验地证实历史发展的规律，此规律类同于自然科学的规律，且历史学家能通过研究过去来发现它们；类似于自然科学和社会科学的方法；相信历史解释是客观的，且能重建基本上如其发生的过去。② 因此，实证主义依靠的理论基础是：自然科学是所有的人类知识的模式；相信经验现象能被说明，相信经验是发现社会规律的基础，社会规律可以预测未来也可以说明过去。③

如上所言，重视规律的发现、预测和解释作用是实证主义史学的深层目标，为发现历史规律，实证主义史学主张像自然科学那样提出假设、搜集资料、分析归纳，最后概括总结。发现史学规律是史学走向科学的关键的一步，其代表人物巴克尔(1821—1862)坚信历史学就是一门科学，认为寻找人类文明发展的规律是史学家的崇高的任务，坚信人类文明是进步的，历史学可以为人类发展指明方向；由于巴氏坚持历史学可以借鉴自然科学和社会科学中的知识和方法，因此他涉猎地理学、数学、物理学、化学、语言学、文字学、社会学、法学、医学、哲学、生物学等学科的知识并将它们应用到历史学研究中，此方法使历史学既拓宽了视野，也加强了学科间的交流。当然巴氏的方法也有混淆史

---

① 参见张广智.西方史学史[M].上海:复旦大学出版社,2004:243.

② Harry Ritter. Dictionary of Concepts in History[M].Westport:Greenwood Press,1986:327.

③ Maurice H. Mandelbaum. History, Man and Reason:A Study in 19th Century Thought[M].Baltimore:Johns Hopkins University Press,1971:11.

学与社会科学和自然科学区别之嫌，其无视人类历史发展的独特性倾向，导致个人诉求与贡献在归纳法的概括作用下显得不再重要，进而产生把历史现象简单化与公式化的流弊。

此外，实证主义的另一代表人物福斯太·古朗治也坚持历史研究与自然研究完全一样，他说："不是我在向你们讲话，而是历史通过我的口在讲话。"[①]如此客观公正而又自信的结论，对史学求其内容之真确有裨益，但历史研究客体之中的人物个性和历史研究主体的个性特征却不知所终，这难道就是史学的本真所在？若历史学家以所谓的上帝视角来描述人类过去，而读者却认为真实的历史真的是通过历史学家之口在说话——这就制造了一种权威假象，该假象极易对读者造成一定的误导，即历史学家真的是超越自己的意识形态来客观公正、毫无主观偏见地讲述历史。

实证主义在归纳法高度概括的作用下，发现了历史规律和历史运行规则，该发现对人类历史发展趋势确有指导作用，但是其掩盖人物个性的研究方法把史学方法等同于宏观经济学和理论社会学的研究方法，即由研究结构代替研究个性。但是又不能一概否定实证主义采用概括归纳的方法，如果史学都是研究分散的单个人的生活，又缺乏一定的系统性和理论深刻性的话，那么史学又怎能称为学术呢？因此，史学研究中既要参照自然科学方法探求客观规律、分析社会结构，也要参照精神科学的方法来理解单个历史事件和人物，不能"就事论是"地以此地之"是"掩盖彼地之"是"，如欧洲中心论所认为的"欧洲人成了具有普遍性的'我们'，由此，可由欧洲人所持普遍性标准给予或者抽掉其他地区的历史"[②]。历史之"是"不同于自然之"是"，虽然实证主义代表人多主张自然之"是"与历史之"是"的共同点，但看到其不同点才是史学的独特性之所在。例如，"孔德认为，就像物理世界是根据万有引力和其他的绝对法则运作的一样，社会亦如此"[③]。此后，许多 19 世纪的历史学家受孔德的影响，其中巴克尔的历史研究工作实诚地依靠孔德的哲学，巴氏说："我已经深信每

---

① 参见张广智.西方史学史[M].上海：复旦大学出版社，2004：246.

② Iain Chambers. Migrancy, Culture, Identity[M]//Keith Jenkins, ed. The Postmodern History Reader. London: Routledge, 1997: 79.

③ John J. Macionis. Sociology[M]. 14th ed. Boston: Pearson, 2012: 11.

个人的行为是由原则所规范的——或者他们称之为规律——其控制方式和控制物理世界的规律一样，而发现这些规律是我工作的目标。”[①]德雷指出：“历史的研究方法应该和那些自然科学与社会科学拥有相同逻辑的研究方法。”[②]德雷还指出实证主义史学家的目的是获得“客观的真理”。[③] 柏里之言更为直接：“历史学就是科学，不多也不少。”[④]但是屈维廉却认为：史学并未有完全如自然科学那样的普遍适用的因果规律；物理学中的引力规律之所以能被科学地证明，是因为它是普遍存在而又简明的；但是由饥馑引起叛乱的历史规律却并没有被证明是普遍适用的；的确，从以往的事实看来，相反的说法——说饥馑导致卑鄙的屈服——也同样是真实的。[⑤] 屈氏也否定历史学能对特定历史事件作出因果解释，因此，作为科学的两大特征都被屈氏否定之后，屈威廉认为：“历史学本身并无真正科学价值，它的用处是教育人，使公众明智地对过去感兴趣，培养自己的心智。”[⑥]屈威廉的观点与柏里的观点针锋相对，虽都有极端之嫌，但屈氏主张历史学以培养心智为目的，以及主张想象的重要性[⑦]和把文学形式用之于史学的做法都对历史学的深入发展起到一定的促进作用。

正是看到史学的普遍性具有一定的限制性，钱伯斯认为，要想写作历史，必须舍弃欧洲中心论的普遍概念，真正融合“他者”，不再让“他们”继续成为“他者”；突破欧洲中心论并非为了让历史更完整，而是为了让史学更真切！[⑧]

客观主义史学和实证主义史学对客观性的片面追求恰好反映19世纪自然

---

① Bernard Semmel.H. T. Buckle：The Liberal Faith and the Science of History[J].The British Journal of Sociology，1976，27(3)：370-386.

② William H. Dray. Philosophy of History[M].Englewood Cliffs，N.J.：Prentice-Hall，1964：2.

③ William H. Dray. Philosophy of History[M].Englewood Cliffs，N.J.：Prentice-Hall，1964：21.

④ 屈维廉.历史女神克利奥[M]//何兆武.历史理论与史学理论：近现代西方史学著作选.北京：商务印书馆，1999：623.

⑤ 屈维廉.历史女神克利奥[M]//何兆武.历史理论与史学理论：近现代西方史学著作选.北京：商务印书馆，1999：624.

⑥ 屈维廉.历史女神克利奥[M]//何兆武.历史理论与史学理论：近现代西方史学著作选.北京：商务印书馆，1999：622.

⑦ 屈维廉认为：“历史业务的最重要的方面，历史并不是一种科学的演绎，而是一种对于最可能的概括的想象的猜测。”参见屈维廉.历史女神克利奥[M]//何兆武.历史理论与史学理论：近现代西方史学著作选.北京：商务印书馆，1999：626.

⑧ Iain Chambers. Migrancy，Culture，Identity[M]//Keith Jenkins，ed.The Postmodern History Reader. London：Routledge，1997：77-81.

科学对历史学的影响已深入人心,“客观性”标准成了衡量某种信念是否为知识或某门学科是否具有学术价值或科学价值的判断标准,然而对客观性的一味追求乃是科学理性之胜利,却是人文精神的悲哀。[①] 总之,“在关于世界、生活及我们的某些事情方面,最大限度的客观性立场并不能导致恰当的理解”[②],在此,主观性与客观性虽有分离,但绝不是完全对立的,而是相辅相成的。

① 参见张广智.西方史学史[M].上海:复旦大学出版社,2004:237.

② Michael Stanford. An Introduction to the Philosophy of History[M]. Oxford: Blackwell publishers Press,1998:56.

## 第二节　史学追求形式之真的方法及历程

### 一、史学求形式之真的曲折历程与努力

在思想史的早期发展阶段，东西方大致均存在着“文史不分”的事实乃至观念，但史学与文学最终作为两个学科走上分庭抗礼的道路。西方早在古希腊时亚里士多德即有就理论普遍性而言“史不如诗”的看法。专业历史学家强调史学的科学性，力图使之成为一门区别于文学的专门学科，以此使自己拥有一种独特的从事专门学术或科学研究的职业，所以，当兰克提出“如其所是”和“不偏不倚”的历史研究及写作精神时，专业历史学家纷纷响应以示支持和认可。可以这样认为，19 世纪西方人评价史学作品的首要标准是真实性优先于文采，这是史学走向独立的基本前提。[①] 但是，史学在职业化即科学化的过程中却发生了“语言的自我遗忘”[②]。为使史学内容能更真切地表现出来，或使其意义更深刻地展示出来，重新评估史学与文学的关系可谓恰逢其时。

20 世纪初屈维廉在反对历史是科学的观点时已论及将文学应用到史学之中的影响。屈维廉认为，史学有三种任务，可称之为科学的任务、想象的或推测的任务以及最后但不是最不重要的文学的任务。科学的任务即一种枯燥、严谨而又艰辛的史实考证与检验的任务，此类任务往往和自然科学有惊人的

---

① 参见张广智.西方史学史[M].上海:复旦大学出版社,2004:235.

② 参见周建漳.历史哲学[M].北京:北京大学出版社,2015:240.

一致性，类似于客观主义史学所求内容之真的方法；想象的或推测的任务即研究已经搜集的史实并选择与排比它们，以及作出推测和概括，其概括的方法和目的类似于实证主义史学所求内容之真的方法；文学的任务即用一种能吸引和教育我们同胞的形式把科学和想象的结果表达出来，因此，文学相对于史学来说虽是一种形式，但是却是一种把史学内容有机融合起来并使其具有教化意义的且能为史学写作提供指导的一种预构形式。布局、谋篇和风格不仅是文学家要考虑的因素，也是史学家在写作中要考虑的因素。①

正因文学写作的风格如建构与创造、悲剧或喜剧故事、诗性预构、隐喻和合理想象以及其他修辞手法等都能为史学所用，海登·怀特便根据史学与文学在文本结构上的相似性以及喻义方式的相似性方面构建了四种历史书写形式。为明晰起见，列表如下：

**表 2-1　四种历史书写形式**

| 情节化模式 | 论证模式 | 意识形态蕴涵模式 | 喻义模式 |
|---|---|---|---|
| 浪漫式的 | 形式论的 | 无政府主义的 | 隐喻的 |
| 悲剧式的 | 机械论的 | 激进主义的 | 转喻的 |
| 喜剧式的 | 有机论的 | 保守主义的 | 提喻的 |
| 讽刺式的 | 情境论的 | 自由主义的 | 讽喻的 |

四种历史书写形式都有相应的文学文本作其基础，又有历史学家作其史学实践，更有历史哲学家为其解惑、指导与支撑，因此，怀特所认定的历史书写形式并非凭空设想，亦非仅依靠文学类推，而是文学、史学与哲学的有机结合与提升。此四重结构中，“情节化模式”取材于加拿大文学理论家诺思罗普·弗莱的《批评的剖析》，“形式论证模式”取材于美国哲学家斯蒂芬·佩珀的《世界的构想》，“意识形态蕴涵”取材于德国社会学家曼海姆的《意识形态与乌托邦》，“喻义模式”直接来自文学修辞学范畴。为使论证翔实可靠，怀特直接依据 19 世纪史学家兰克、米什莱、布克哈特、托克维尔和历史理论家黑格尔、

① 参见屈维廉.历史女神克利奥[M]//何兆武.历史理论与史学理论：近现代西方史学著作选.北京：商务印书馆，1999：642-643.

马克思、尼采、克罗齐的著作加以论证,可见历史书写形式的重要性。

怀特认为历史编纂风格在一定程度上代表了情节化模式、形式论证模式、意识形态蕴涵模式及喻义模式的某种特定组合,例如兰克的编史风格可以按照喜剧风格来定性,并按照有机论解释模式论证。但是,不能随意地将情节化模式、形式论证模式、意识形态蕴涵模式及喻义模式组合在一起。例如,"喜剧式情节化模式不宜与机械式论证模式相组合,激进的意识形态模式与讽刺式情节化模式亦不宜匹配"①。

然而,一些史学大师们为显示出作品的独特性,却在努力地将情节化模式与和它不相协调的意识形态蕴涵模式以及论证模式结合在一起。举例而言,米什莱努力地将浪漫式的情节化与自由主义意识形态的形式主义论证结合在一起;而布克哈特则把讽刺式的情节化与情境论的论证模式结合起来,以此服务于一种明显是保守主义的而且最终是反动的意识形态立场;黑格尔的历史写作在微观上是悲剧式的,而在宏观上却是喜剧式的。② 因此,对待历史书写形式,如果用之适当,则可以深刻地理解并合理地解释历史事件,亦使历史事件显示出编年史所无法体现的独特意义。反之,用之不当,则不仅不能解释历史事件,甚至其叙事形式亦会遭到质疑。

## 二、史学内容及其形式相一致的优点

兰克的编史风格可以按照喜剧风格来定性,是因为兰克"在其所研究之历史领域中所辨之事其'形式'存在着一种和谐状态,在通常情况下喜剧的结局就表现出这样一种和谐状态"③;兰氏又因回避探求历史规律和因果解释而热衷于"描述历史领域中发现的个体过程和作为整体的所有过程"④,于是采取有

---

① Hayden White. Metahistory:The Historical Imagination in Nineteenth Century Europe[M].Baltimore:Johns Hopkins University Press,1973:29.

② Hayden White. Metahistory:The Historical Imagination in Nineteenth Century Europe[M].Baltimore:Johns Hopkins University Press,1973:30.

③ Hayden White. Metahistory:The Historical Imagination in Nineteenth Century Europe[M].Baltimore:Johns Hopkins University Press,1973:28.

④ Hayden White. Metahistory:The Historical Imagination in Nineteenth Century Europe[M].Baltimore:Johns Hopkins University Press,1973:16.

机论解释模式;还由于其喜剧模式与有机论模式的有机结合,其保守的意识形态蕴涵模式毫无疑问是最合适的。综上,兰氏的叙述语气是妥协性的,情绪亦是乐观的。[①] 史学写作形式应用得体,则史学叙事也平滑顺畅,褒贬得当,其在符合读者心理预期的同时更符合史实。史学叙事对事件的安排错落有致,对事件之起因分析皆顺理成章,此乃优秀史学作品之要求。也正因如此,怀特认为书写之前就有一个书写结构存在,并以此确定叙事意义,怀特称之为情节化解释,又称之为诗性预构理论。之所以称其为预构,是因为该建构产生在理性阐释之前;之所以是诗性,是因为预构行为具有诗性的"前认知性"和"未经批判性",它自然要隶属诗性的范畴。借用维柯的观点:"诗人们首先凭凡俗智慧感觉到的有多少,后来哲学家们凭玄奥智慧来理解的也就有多少。"[②]可见诗性智慧高于理性智慧。因此,怀特称情景预设为诗性预构,其本意亦如此:诗性预构的深度与广度决定着理性阐释的深度与广度。

由于怀特的诗性预构理论和文学写作、编排故事过程类似,因此,在进行历史叙事时诗性预构起关键作用,同样一件事,如若按悲剧情节叙事则按悲剧方式解释此历史事件,按喜剧模式亦然;还是同样一件事,在不同的叙事中既可以是开头,也可以是结局,抑或只是叙事中的过渡性事件。[③] 怀特主张的多角度多层次论及某一事物,确能将本真的事物尽量还原,因为"叙述是线性的,活动是立体的"。[④] 正如一幅立体画,无论其画法怎样高明,观画人都无法绕到画的背面,但是针对同一物体以多角度视角下的多幅画面表现事物,虽无实物之完美,但能尽量接近实物,当然这是从写实角度而非从抽象角度分析画作。此处历史叙事的多样化有类似于多幅写实画作的作用,还有类似于抽象画作的作用。例如"恺撒之死"这一件事,如不按照文学结构方式叙述其历史进程及影响,仅从写实角度、仅按历法时间加以描述,此历史事件至多算是编年史

---

① Hayden White. Metahistory:The Historical Imagination in Nineteenth Century Europe[M].Baltimore:Johns Hopkins University Press,1973:28.

② [意]维柯.新科学[M].朱光潜,译.北京:商务印书馆,1989:172.

③ Hayden White. Metahistory:The Historical Imagination in Nineteenth Century Europe[M].Baltimore:Johns Hopkins University Press,1973:7-8.

④ 卡莱尔.论历史[M]//何兆武.历史理论与史学理论:近现代西方史学著作选.北京:商务印书馆,1999:236.

的一个要素，并不能引起人们的思考与反思。而史学家通过叙事方式（即讲故事方式）将此事编排到不同故事情节中，通过情景论证方式可以产生不同的意义等级。其实怀特也正是在此意义上来区分历史事件和历史事实、历史叙述与历史叙事的，如果只是在某时空发生过的事情，那么这个事件怀特称之为历史事件，但是通过判断或故事将事件的来龙去脉及发生该事件的真相说清楚了，此即历史事实；①或者如怀特所言："事实仅仅是语言的存在。"②其中，只是描述或讲述发生过的历史事件并且没有加以判断分析的描述方式，怀特称之为历史叙述，而以故事形式把事件的结构、关系、影响或意义讲述清楚的则称之为历史叙事或者称之为叙述化。③ 怀特对历史事件和历史事实的划分，也可以用来分析"历史认识的客观性问题"，比如，单纯的恺撒之死是一个历史事件，是客观真实的、无法改变的事件，确实是独立于认识主体之外的客观事件，但是恺撒之死的疑点推演及其史学意义分析确实要史学家综合各种因素来合理进行，经推演和分析，如果史学家用判断形式分析出恺撒之死真相的，那么此真相就是历史事实。因此，怀特的历史事实概念中是包含主客观因素的。所以，在争论历史认识是否客观时要界定清楚历史事实的概念才能由此认定双方争论的是否为同一概念，否则，都在争论历史事实但却是不同心目中的历史事实概念。因为，有的人理解的历史事实指的是历史事件，单指发生过的事件；而有的人理解的历史事实则是怀特所指的历史事实，因此，分清"历史事实"概念是辨析历史现象的基础。比如维特根斯坦在《逻辑哲学论》中提出的关于世界构成的观点："世界是事实的总和，而非事物的总和。……事实的总

---

① 比如怀特说道："我对事件（作为在尘世的时间和空间中发生的事件）和事实（以判断形式出现的对事件的陈述）做了区分。事件发生并且多多少少通过文献档案和器物遗迹得到充分的验证，而事实都是在思想中观念地构成的，并且/或者在想象中比喻地构成的，它只存在于思想、语言或话语中。"［美］海登·怀特.元史学：十九世纪欧洲的历史想象［M］.陈新，译.南京：译林出版社，2004：6（中译本前言）.

② Hayden White. An Old Question Raised Again：Is Historiography Art or Science?（Response to Iggers）［J］.Rethinking History，2000，4（3）：398.

③ Hayden White. An Old Question Raised Again：Is Historiography Art or Science?（Response to Iggers）［J］.Rethinking History，2000，4（3）：399.

和既规定了发生的事情，也规定了所有未发生的事情。”①此观点类似于怀特的观点，维特根斯坦从动态的角度分析了事物与事实的区别，其实维特根斯坦并不是要反对引入作为事物的世界这一概念，但是他认为作为事实的世界概念是哲学上更重要和更根本的东西，因此也是其《逻辑哲学论》论证问题的出发点。同样为避免争议，《历史事实的解释与历史学的客观性》一文用注释加以说明“本文所说的历史事实不是指过去发生过的所有事件，而是指已经被历史学家所采用、出现在历史著述中的事实”②。



历史书写形式的多样化、论证方式的多样化、修辞格式的多样化、蕴涵意识形态的多样化、揭示历史事实的多样化和历史意义表现的多样化，使得史学研究更具探索性和持续性，而不仅仅如客观主义史学所谓的只为求得史料探究结果之一致性认可的“终极史学”目标。史学相对于编年史，其虽有开端、高潮和结局的文学布局，但其将所论述事件的特性及内含人物个性加以充分展示的作用是编年史所无法比拟的，这是怀特的理论虽然遭到众人的批判，却不影响他坚守该理论决心的原因之一。其实，怀特虽然主张诗性预构先于理性阐释，但是其并没有让史学真的走入文学殿堂的意图，其真实想法只是在真实史料的基础上，在诗性预构的前提下，“通过包容此事件而排除彼事件、强调此事件而令彼事件从属于其他历史事件来创作自己的历史故事”③，不单是把编年史中的历史事件整理成有条理的历史故事，更是使历史事件的多样性特征得以表现，还能从不同侧面看到历史事件的意义，体现历史的立体性和复杂性，这正是历史的真实表现。怀特这样做，实际上是把文学的写作结构和比喻的作用引用到史学中，使史学写作灵活真实。所以，如果人们从虚假性批判怀特的诗性预构，那么他们只是看到了怀特史学写作中的诗性和文学性，而没有理解怀特坚持的是在史实真实性的前提下来学习诗作构思和文学构思的方法，使之更有利于史学写作的真正用意。因此，从这方面批评怀特是没看到怀

---

① Ludwig Wittgenstein.Tractatus Logico-Philosophicus[M].London and New York:Routledge & Kegan Paul, 1974:5.

② 姚凯，陆健体.历史事实的解释与历史学的客观性[J].世界历史，1988(3):140.

③ [美]海登·怀特.元史学：十九世纪欧洲的历史想象[M].陈新，译.南京：译林出版社，2004:7.

特对史学写作深刻性的用意，是错误的批判。怀特曾为叙述历史哲学不注重历史的客观性作过辩护。[①] 如果人们从虚构性批判怀特的诗性预构，那么他是误解了虚构的本义，其实此处虚构乃结构之意，即文学结构。试想哪部史学著作不是在写作结构指导下完成的？哪部史学著作里没有专有的但确实没有实在与之一一照应的历史名词？如“法国大革命”等词。怀特也为此作出辩护，他认为：“我曾说过史学是一种虚构过程的产物，因其虚构所以其文学性、诗性甚于科学性和概念性，我也曾说过历史是往昔事实的虚构化。然而，坦白地说，我所说的虚构……乃是一种假设建构和对现实的一种‘好像’思考，之所以如此，是因为认识对象不可能再被直接感受，因此只能想象而非简单提及或论断。”[②]怀特虽作出辩护[③]，但其单从意义上建构历史叙述的想法确实赋予了史学家过多的自由创作空间还是遭到了人们的曲解甚至是误用。例如：“怀特和安克斯密特都为叙事的自主性作出辩护……在上下文情境中，其关键的叙述信息既不在情景设置模式上也不在现实中，而在叙述的语言世界中。是历史学家在过去身上强加了一种语言和文学结构——在此类叙述的过去中，没有什么真实东西与之相对应。无论谁忘记了这一点，都将成为‘事实表现的虚构’的牺牲品。”[④]为此，人们极易夸大语言的作用进而否定内容的真实。

## 三、史学内容及其形式不一致的影响

史学形式在怀特的理论下可以有 12 种形式，但是可以更多样化，加之“虚构”一词多义，又由于怀特对此未展开深入论述，还由于史书编纂者有意为之，因此，现实史学中便出现了史学内容与形式不一致的情况。因为并非所有历

---

① “他（怀特）认为，历史学家‘不关心过去是否真正存在这一形而上学问题’是有理由的，因为，历史研究不仅涉及事实的问题，而且涉及意义的问题，而意义是通过语言的叙述实现的，所以，与其把注意力放在历史是否具有客观性的形而上学方面，不如放在语言的叙述方面，从语言的叙述中建构历史的本体论，更能体现历史的真实。”李杰.历史观念：实践历史哲学的建构[M].北京：人民出版社，2013：44.

② Hayden White. An Old Question Raised Again：Is Historiography Art or Science？（Response to Iggers）[J].Rethinking History，2000，4(3)：398.

③ 李杰.历史观念：实践历史哲学的建构[M].北京：人民出版社，2013：44.

④ Chris Lorenz. Can Histories Be true？Narrativism，Positivism，and the “Metaphorical Turn”[J]. History and Thoery，1998，37(3)：311.

史事件的讲述都能被处理成喜剧、悲剧或闹剧形式，例如书写大屠杀的历史怎么能用喜剧形式？如若这样，岂不是在写一部没有人性的历史著作，即使是站在反动的立场上也不能将之写成喜剧形式，究其原因，暂不从历史学教化的目的和意义加以分析，也不从人性何在分析，单从人们在日常生活实践中的感受即可判断一种写作形式应用得正确还是错误。而怀特的弟子、史学理论家汉斯·凯尔纳却一反人们的实践常识，对大屠杀持一种冷漠的态度。“汉斯·凯尔纳提出，像任何历史事件一样，纳粹对犹太人的残杀也是一个已经过去了的事件，因此对它的描述也就采用了不同的形式，它们可以是专业的史书，也可以是诗歌、电影、艺术品等，因为在对这一事件作回顾的时候，都必须考虑到读者或观众的问题，于是这就有了一个‘再现’的问题。易言之，残杀犹太人这一事件与其他历史事件相比没有什么特别独特的地方。凯尔纳指出，既然有一个表现的问题，那么许多与此相关的问题也会出现了，比如，在考虑修辞即表现手法时，必须考虑到时间、地点和人物，特别是观众或读者对悲惨情节的接受能力，以及作者的意图、题材的选用等。一言以蔽之，凯尔纳把这一对犹太人的‘种族大屠杀’当作了一般的文本，抽掉了它独特的悲惨性。”[①]凯尔纳把大屠杀这一独特的历史问题简单化的倾向是错误的，是过于看重历史书写形式的一种表现，单从书写形式分析无所谓正确与否，只要符合自己的写作目标即可。但是，从书写内容的角度分析，只有符合内容的而非符合写作者目的的书写形式才是正确的形式，因此，对待大屠杀只考虑其文学修辞和观众或读者的感受，完全不考虑大屠杀当事人的感受和这段历史对受害国的伤害的无同情心的历史书写方法是错误的、极端的方法，是不符合人们生活实践的做法。

凯尔纳把历史学的文本化推向了极端并得出如下的结论：历史就是人们写作并称之为历史的书籍。为此，“凯尔纳将历史学与文学的界限取消，彻底改造现代历史学。这一新的历史学的主要标志在于，原来史料是历史研究的基础，而历史写作是根据这些史料所构筑的上层建筑。现在则反了过来，历史学家写作历史所用的各种文学形式和思想、语言结构成了历史研究的基础和出发点”[②]。因此，凯尔纳认为历史学是由于采用了各种文学形式才运用了比

① 王晴佳，古伟瀛.后现代与历史学：中西比较[M].济南：山东大学出版社，2006：113.

② 王晴佳，古伟瀛.后现代与历史学：中西比较[M].济南：山东大学出版社，2006：60.

喻和隐喻,其实多种文学形式都可以为历史学所采用,所以,历史学也可以采用比喻和隐喻等修辞手法,因为比喻和隐喻本身就能表现历史真理(例如安克斯密特的隐喻真理论),怀特也认为决定历史解释的最重要因素是文本中隐喻的丰富程度。正因凯尔纳不再重视史料的重要性,所以,他并不相信人的认识之外有一个历史真相,也不去追求那种所谓的纯洁的、没有处理过的史料,因为一旦一件实物或文件被认定为史料,它已经深刻地反映了一个文化系统,等等。于是,凯尔纳认为,所谓歪曲历史,恰恰是阅读历史的方法;同样由于凯尔纳不再重视史料的重要性,因此,历史研究也不再是对过去的思考和重构,而是"怎样在散落在我们周围的、毫无意义的过去的残余中寻找和创造历史的意义"。[①] 由此凯尔纳确实看到了历史中"古为今用"的一面,也确实做到了"对现实最大的尊重",[②]但是这样的尊重和创作却是没有真实的过去做基础的创作,此做法便是追求一种只求历史写作形式而忽视历史内容的片面之真。

凯尔纳虽认为语言可囊括一切,但是却质疑语言的稳定性,并认为"新创造的术语和专业词语很可能被全新的术语和词语所拒绝和代替,因此,语言所具有的风险性要求它被当作一种总是等待被拆除的脚手架来对待"[③]。德里达也从语言的角度入手否定历史真相。[④] 巴尔特认为历史叙述方式与小说、虚构故事的叙述方式没有根本的区别。部分后现代主义者以语言的多义性和变化性为由,走向了否定历史事件和历史真理的道路。其实,语言和文字虽然是符号,但也是实在的代表,并不能简单地一概否定语言的真实性地位。历史学本来是追求真实的学科,但是在部分后现代思想的影响下,历史学与文学的界限消失了,历史的真实性被取消了,这是我们要反对的。

---

① 王晴佳,古伟瀛.后现代与历史学:中西比较[M].济南:山东大学出版社,2006:60.

② Hans Kellner. Language and Historical Representation: Getting the Story Crooked[M]. Wisconsin: University of Wisconsin Press,1989:3.

③ Hans Kellner. Narrativity in History: Post-Structuralism and Since[J]. History and Theory, 1987, 26(4):9.

④ 德里达认为:"历史事实永远被语言掩盖着,而语言的功能又被文化规范的影响掩盖着,语言是横在真相面前的不可逾越的障碍;符号只是代表历史事件或过程,并非就是历史事件或过程本身,人们以为是真理或真相的东西无非是无休止的符号游戏而已。在他看来,人类不可避免地陷于语言的牢笼之中。"韩震,董立河.历史学研究的语言学转向:西方后现代历史哲学研究[M].北京:北京师范大学出版社,2008:67.

## 第三节 历史认识中的“真”真的那么重要吗

如前所述,历史认识内容之真实是史学存在的内在根基,历史书写形式之真实是历史书写深刻性、恰当性和揭示其意义多样性的外在保障,但是一味求内容或形式之真反而会使其偏离方向。此外,史学除真之外,还有善和美的维度要求。

### 一、真理的道德维度

上文所述主要论及史料之真实、解释之真实和文本书写形式之真实,现从道德维度论述真理的作用。“真理的另一个方面是不能被忽略的——它关注的是什么是正确的、什么是正直的及可信赖的。这提醒我们真理概念隐含有强烈的道德之维。让我们思考这两条信念:(1)草是绿的;(2)为限制孩子们的娱乐而折磨孩子是错误的。大多数人对这两个观点都是认可与支持的。如果问起原因,我们会说(1)是正确的,因其符合事实。但是符合(2)的事实在哪里呢?正如是物理秩序证明了(1)的正确性,那么,是普遍的道德约束机制证明了(2)的正确性?或者我们应该说(2)是一个社会惯例而存在于持续发展的社会团体的利益中吗?……因此,当我们问到历史事件或历史原因时:它是正确的吗?我们不能只考虑每个单个的陈述是否符合事实,我们也要适当地去问整个事件(整体)是否是正确的、诚实的、正直的、可信赖的甚至是值得尊敬的,即它公平地对待了它的读者了吗？它公正地对待了它的主观性了吗？"[1]此处，迈克尔·斯坦福用自然界的真理与社会领域的真理做类比，指出社会领域的真理关注的层面已由辨明事实层面上升到道德层面，由此史学关注的是如何公正对待主观性而不是舍弃主观性。史学研究不能为了个人之私利而随意歪曲史实为自己服务，正如伏尔泰曾冷嘲地说：历史仅是我们在逝者身上玩的一套把戏。[2] 历史学家更不能为了个人的私利而截取部分之真而整体不真之史实为自己服务，如现代历史学家加农提醒我们："历史学家最重要的义务是对逝者保持诚信并且不要以从他们身上得到廉价的分数（好处）为目的。"[3]迈克尔·斯坦福也认为："有时新闻工作者、宣传人员、政治家、社会科学家或者历史学家努力用语词描述复杂的人类事务时，用狭窄的眼光看该描述可能是正确的，然而将其作为整体看既不正确也不值得尊敬。因此，真理一词的概念包含有道德维度，历史学家既有道德责任也有认识论责任。"[4]

## 二、史学的意义探究与重建

如前所述，兰克之求真，仅为考订史料之真实与揭示部分史实之真相，然而在史学之真知与智慧的构建及史学意义之洞悉方面，兰克却出于敬畏之情将此探究史学之真谛的任务交由"上帝"裁决，此乃兰克之致命弱点，也是其"如实直书"之缺憾。如若史学只为考订辨正史料，则史学最终也不能摆脱终极史学之命运，史学之魅力亦会丧失殆尽。虽则考订史料之能事乃是最显史家功力之所在，然而史料亦仅是史学之材料，所以，章学诚认为：对材料参互搜讨的史考方法并不足以称为史学，只有对史料作出"独断"之学才算得上是真正的史学。[5] 必须指出的是，"人类关于既往过去的追寻仅从所谓实践意义上

① Michael Stanford. An Introduction to the Philosophy of History [M]. Oxford: Blackwell Publishers Press, 1998:69-70.

② Michael Stanford. An Introduction to the Philosophy of History [M]. Oxford: Blackwell Publishers Press, 1998:70.

③ Cannon John(ed.). The Historian at Work[M].London: Routledge Press,1980:10-11.

④ Michael Stanford. An Introduction to the Philosophy of History [M]. Oxford: Blackwell Publishers Press,1998:70.

⑤ 参见[日]内藤湖南.中国史学史[M].马彪,译.上海:上海古籍出版社,2008:378.

看不得要领，它在本质上乃意义的探究与重建，我们在历史中寻求的是对各种历史事件的理解"[①]。因此，"我们需要真理和意义，即使真理是我们的目标，我们仍然要首先对待意义"[②]，"意义探究及对涉及他者的意义发问乃人文研究——尤其是历史研究——的核心"。[③]

然而提到历史事件之意义，就不单是对孤立的历史事件的描述，"现代哲学家丹图指出一个事件的意义被识别仅仅依靠与其所联系之其他事件的存在（如我是哥哥，不是内在于我的本性决定的，而是依靠与我有联系的其他人决定的）"，[④]也不是只看到某一事件的过去和现在，对事件发展趋势的把握和了解也是史学的要求之一。正如丹图所认为的：完全描述一个历史事件即把其放入所有正确的故事之中，对此我们无法做到，究其原因是相对于未来而言我们都是临时的、局部的。再者，我们还必须知道与其相关的事件的后续发展情况。[⑤] 所以，事件的意义并不是固定的，既有共时代的对不同主体而言所具有的不同的意义，也有历时代的其本身发展变化的意义，因此意义探究乃是涉及他者的发问方式之一，是史学经久不衰的魅力所在。

许多人包括历史学家都认为历史书写仅如兰克"如其所是"般记录发生了什么事件即可，然而历史当事人认为当时正在发生什么的想法与记载之人的想法有很大差别，丹图称之为不完全描述：例如当马丁·路德开启维滕贝格大教堂之门时，他本人并不知道他开启了一场宗教改革的"大门"。[⑥] 在当时也无人知其重要性，"顺着这些讨论，我们说一个历史事件直到我们对之进行全部

① 周建漳.历史哲学[M].北京：北京大学出版社，2015：82-83.

② Michael Stanford. An Introduction to the Philosophy of History [M]. Oxford: Blackwell Publishers Press, 1998: 188.

③ Michael Stanford. An Introduction to the Philosophy of History [M]. Oxford: Blackwell Publishers Press, 1998: 5.

④ Michael Stanford. An Introduction to the Philosophy of History [M]. Oxford: Blackwell Publishers Press, 1998: 197.

⑤ Danto Arthur C. Analytical Philosophy of History [M]. Cambridge: Cambridge University Press, 1965: 142-169.

⑥ Michael Stanford. An Introduction to the Philosophy of History [M]. Oxford: Blackwell Publishers Press, 1998: 124.

描述之前,其意义是永远不能被全部掌握的"[1]。对法国大革命的描述亦如此:"描述法国大革命特征时几乎不能逾越人们行动及其真正用意的间隙。"[2]所以,了解事件参与者当时认为的正在发生什么事件,而我们后来应该知道(如果我们能知道的话)的他们行动的动机是什么,这对历史研究来说总是重要的。因为,对于一些历史行动,在当时,可能当事人并不知道他们周围正在发生什么,因此,事件总是超出一种意义:一些意义是对参与者的,另一些则是对后代的。[3] 这也是历史重写与意义重构的原因之一。所以,充分发挥研究者的主观性,发现事实之真,领悟史学之真谛,体味人生之意义,也是历史研究的目标之一。因此,真只是一种工具性的中介,"就人存在的本义言,我们追求的与其说是真实的生活,不如说是有意义的生活"[4]。

## 三、史学中的求真和致用关系

### (一)只为求真

史学只为求真,其优点是客观公正且不需要考虑社会需求,但其弊端可能是得不到经济支持而自行衰落,亦可能得不到大众理解而使得史学走向孤冷地位,进而不能实现史学普适的功能。假如以上外在因素可不予考虑,其实,并非为今日的求真,从长计议确实是人类进程中所不仅不可或缺的甚至还是很重要的组成部分,反之,所有研究如果只为当下之目的,反而是阻碍人类持续发展的因素之一。因此,史学之一味求真从此角度分析也是一种致用——刘家和称之为"间接致用,即为发展史学自身所用,看来脱离实际的考证家们

① Michael Stanford. An Introduction to the Philosophy of History[M]. Oxford: Blackwell Publishers Press, 1998: 197.

② Furet Francois. Interpreting the French Revolution[M]. Cambridge: Cambridge University Press, 1981: 16.

③ Michael Stanford. An Introduction to the Philosophy of History[M]. Oxford: Blackwell Publishers Press, 1998: 124.

④ 周建漳,邓龙九.真理:一种基于日常语义的哲学分析[J].厦门大学学报(哲学社会科学版),2015(4):58.

做的就是这一类的事情”[①]。



### （二）求真与致用的完美结合

中外史学中求真和致用完美结合的例子不胜枚举，例如周公在史学致用时更尊重历史之真。他在不止一篇文告里都尊称“殷先哲王”，然而这些殷王中就有杀死周公和武王祖父的殷王文丁。周公虽然位高权重但并未因杀祖之仇而否定文丁，从而尊重了历史的真实性。那么，单从尊重史实方面看，周公仅是一位只知史学求真而不知史学致用的拘迂之人？绝对不是！他若不能究殷人得失之真，那就不能以真史为鉴，而只能以伪史自欺。[②] 可见，周公的做法从一定程度上说明：拥有权力也不一定会为一己之利而歪曲史实。

### （三）只为致用

历史中也有为了致用之目的而不惜歪曲事实、粉饰太平的例子，或类似于辉格史学家所采用的一种隐蔽筛选原则，或者如影射史学的方式，牵强附会，以假害真。这些都不是真的史学致用，而是为了一时、一己之利而抹杀历史之真、歪曲历史之真的假史学致用，或者称之为史学滥用更为贴切。例如，有人问孟子周代的爵禄制度如何，孟子说：“其详不可得而闻也。诸侯恶其害己也，而皆去其籍。”（见《孟子·万章下》）这就是“毁历史之真以为用的一个典型。不是让人民知道周代爵禄制度及其得失，而是毁掉历史，这是愚民以逞的反文化行为”[③]。然而在愚民以逞的反文化行为中，历史上有多少成功事例呢？凡无情地践踏历史，幻想用伪史秽史愚弄民众，企图“愚民以强国”，又企图使人民做历史的盲目工具，更企图左右历史的发展，其最终结果往往是一厢情愿。[④]

同样是致用，为什么会出现相反的情况呢？史学为什么要做到求真与致

---

① 刘家和.史学、经学与思想：在世界史背景下对于中国古代历史文化的思考［M］.北京：北京师范大学出版社，2005：20.

② 刘家和.史学、经学与思想：在世界史背景下对于中国古代历史文化的思考［M］.北京：北京师范大学出版社，2005：36.

③ 刘家和.史学、经学与思想：在世界史背景下对于中国古代历史文化的思考［M］.北京：北京师范大学出版社，2005：37.

④ 参见陈铁健.书写真实的历史［J］.史学月刊，2016(4)：23.

用的统一呢？这要从实用理性和实践理性的区别和作用说起。

“实用理性和实践理性，尽管两者都立足于应用，但两种应用却判若云泥。我们把为人类实践服务的历史认识能力称为实践理性。实用理性，不管是出于‘资治通鉴’的动机，还是出于道德教化的动机，都是把史学当作达到它之外的目的的手段，因此求真的功能虽然也可能被强调，但这种功能始终是第二位的。实践理性则不然，它要求历史认识必须符合历史真相，否则人类的实践不可能成功，或者即使成功也不是必然的成功，而只是‘碰巧’获得成功。”①显然，实践理性是从人类自身发展的目标来研究历史之真，是内在的思考，不是外在的目的。因此，历史的作用在于揭示人类自我塑造的过程，历史的意义在于帮助人类重新发现自己。试想，如果不了解过去，或者了解的是不真实的过去，那该怎样理解现在？又该怎样筹划未来？历史之作用将如何探究？历史之意义将如何揭示？

实用理性和实践理性的区别也可以解决一个难题：“历史是为谁服务？”“为什么学术与政治的关系如此难分难解：在实用理性的层次上，‘学术为政治服务’是违背历史认识求真的本性的；然而在实践理性的层次，任何学术确确实实都必然服务于一定的政治。反过来说，不管历史学家愿意与否，他的政治立场都必然地要影响他的历史研究。”②即任何历史学家都是站在自己独特的个人立场和阶级立场上研究历史的，但是这种立场并不是历史研究一定要做政治附庸的充分条件。历史学的生命是真实，而非“为什么需要服务”。

总之，一味地以现在作为中心而把过去虚无化、工具化，从而对历史随意建构随意解读以利于己就是“剥夺了生活在过去的人的选择和自由的尊严”③，就是对过去的不负责，就是对前人的不负责，“一切历史都是当代史”之所以遭到人们的批评，其理由也是如此；而一味地追求历史的客观真实，不考虑对现实的致用和对未来的指导，就是对现在、对未来不负责任。看来，无论是彻底抛弃客观真实还是一味追求客观真实，都一样会陷入道德的困境，都是不可取

① 庄国雄，马拥军，孙承叔.历史哲学[M].上海：复旦大学出版社，2005：253-254.

② 庄国雄，马拥军，孙承叔.历史哲学[M].上海：复旦大学出版社，2005：254.

③ [德]约恩·吕森.历史思考的新途径[M].綦甲福，来炯，译.上海：上海人民出版社，2005：217.

的。[①] 因此，历史学要追求客观真实，也要考虑当下的现实，更要超越客观真实，因为真实只不过是历史学的基础和起点而不是终点，历史学既要追求历史知识，也要追寻人类智慧，还要体现更加宽厚的人文关怀和美学观照。



## 四、权力诉求与史学真实

如果是强权政治控制并只为其权力服务下的求真，会导致变相的求真手段甚至直接使求真目的中断，亦会导致认知上的不负责任甚至歪曲历史真相进而把历史知识意识形态化，把历史知识改造成纯粹的宣传手段。如此，认知的功效就不再是追求历史真理，而是追求权力所期待的历史事实和历史知识，作为科学认识的自由论证的气氛则会日益受到窒息。比如从明治时代至今的日本研究者，其多数人虽有求真之本意，然而迫于时局的压力，常忽视史料或忽视逻辑推理或有意为之而得出虽则荒谬然而却能迎合国家意识形态需要的史学结论。二战期间，“皇国史观”占据首要地位，为“皇国”服务成为此时期历史研究之主流，为更具迷惑性，这些忠于“皇国”的历史研究者不再歪曲史料，而是将所选史料建立在严格的实证主义基础上并在严密推理的史料批判原则下对之加以认真筛选，以确保史料的真实性。然而，史料虽然真实可靠，但其对史料加以剪切、组合并加之以特定的史料解读之后所得到的历史结论仍然是荒谬的、是服务于“皇国”思想的，这是日本史学研究最为扭曲的时代。[②] 因此，“一部完全由客观真实的历史事实所构成的著作，在整体上也完全可以是真实的谎言，客观真实的历史著作有时候反而还会起到为虎作伥的作用”[③]。特别是部分强势群体借助于权力或势力玩弄历史，打着真理的旗号以优化、合法化自己的身份和地位，其实做着压迫、迫害甚至屠杀异己势力的行当。

此外，日本史学界还有另一极端，即日本“学院派”学者只为求其内容之真实而研究历史，极少关心国家与社会的需求，也极少向国家提供正确的历史事

---

① 参见王志华.历史叙述：从客观性到合理性[D].厦门：厦门大学，2011：2-3.

② 参见丁诸舟.日本实证主义史学的困境与出路：民间历史研究者的挑战与史家责任的重新审视[J].史学月刊，2017(10)：109.

③ 王志华.历史叙述：从客观性到合理性[D].厦门：厦门大学，2011：2.

实、历史观或有益的科研成果。当然,所有学术研究并非只为实用,但此极端做法导致日本政府聘用御用学者参与历史研究以期获得其实用之目的,由于日本政府及其御用学者们的功利性目的而导致对历史事实缺乏必要的客观公正的认识,当今日本政府与中韩等国的政治摩擦,除却其政治目标外,御用学者们歪曲事实的做法在一定程度上确实也起推波助澜的作用。①

## 五、片面之真与整体之真

如前所述,一味求真也可能得到片面之真而整体不真,或者是单个事件的陈述之真而整体文本之假。其原因,按照中国古代荀子的"解蔽"思想分析,乃是:"凡相蔽者都是相异相对的两个方面,同一方面则不存在相蔽的问题。譬如,事物的正面可以遮蔽其背面,背面可以遮蔽其正面,而正面或背面皆不会遮蔽其自身。所以,造成人类认识之蔽的不是无知,而是有知;但又不是有全面之知,而是有片面之知,并且误以为此片面之知为全面之知。"②此外,荀子还提出"解蔽"的三层意思:"第一层意思是:不能以已见的一方面(正面)遮蔽将见的另一方面(反面),因为只见一面即片面,片面之知当然不成。那么兼知正反两面就可以了?也不然。荀子把这叫'两',两不成,应该达到'壹'。为什么呢?因为,虽然兼知两面,但是还不知此两面的关系;那么孰是孰非、何去何从?不知道。事物的全局(壹)是什么?也不知道。所以,只知正(thesis)、反(antithesis)两面还不成,还必须知道'壹'(即"合",synthesis)。这就是荀子的第二层意思。心知多事而不知'壹',心就会动、就会乱;能由知正而知反,由知正、反而知'壹'('合'),心自然就可以达到静的境地。这才是荀子的第三层意思,也就是他所要求的最高境界。"③荀子的观点不仅强调要知其一还要知其所以然,所以只是求其内容之真而不发挥合理想象和逻辑推理,所得之真也会

① 参见丁诺舟.日本实证主义史学的困境与出路:民间历史研究者的挑战与史家责任的重新审视[J].史学月刊,2017(10):111.

② 刘家和.史学、经学与思想:在世界史背景下对于中国古代历史文化的思考[M].北京:北京师范大学出版社,2005:34.

③ 刘家和.史学、经学与思想:在世界史背景下对于中国古代历史文化的思考[M].北京:北京师范大学出版社,2005:35.

是片面之真。此外,权力的不对等性导致历史话语权的不对等,尤其是史料记载的数量的不对等,甚至是史料记载中的偏向性和偏狭性常常存在,因此,一味依赖已发现的史料,即使是真实无疑的但也可能是一面之词的史料,依此类史料,不能说不知道过去,但很难说能理解过去。

部分之真之所以产生整体不真,除却有意为之,还有一种是无意选择的结果,莫顿·怀特认为,即使每一单个事实性之陈述都真实无误,然则历史记载在某些至关重要的地方,却因自认为抓住了某些事实之间的联系,而实际上却没有抓住之原因而导致历史整体仍然可能是虚假的。[①] 也有自认为是重要因果关系的实则是偶然、次要关系的情况发生。比如盲人摸象之实例,盲人并无恶意歪曲大象形象之本意,然则每个盲人都根据自己的经验和实践自信地得出大象之形象,虽则有部分之真,但在视界正常之人看来盲人之行动与言论是多么荒谬可笑!然而,整全的历史类似于整全的大象,探究史学本意之复杂程度远非“摸象”所能比拟。因此,史学真理之争也在所难免,然而希冀人类有一个像“上帝”一样的全眼视角,却又不可得。准此,史学探究的可错性也在情理之中,只要不是恶意、有意歪曲历史,在历史事件的探究上包容善意的可错性或试错性,也是历史学发展的动力之一。史学求其内容之真实,从不应只为真实而真实,而抹杀了探究者的主观性,只是这里要区分保罗·利科所言之“好的主观性”和“坏的主观性”。

部分之真可以导致整体不真,但是处理得当它也可以是整体之真的基础,此时的部分之真相对于整体而言可以称之为相对之真。相对之真之所以能构成整体之真的基础,是因为实际发生的事件是立体的、多序列的、涵盖多方面的和多层次的,甚至是在不同空间内同时发生的复杂事件。因此,历史记载只能是记载者自己的印象序列。正因史料记载的层次性限制,所以史学之真“总是在一定方面和一定层次上的”[②]。但是正是这样的相对之真却是人类探究过去的基础,也正是相对之真的交叠与推演,人们越来越接近事物的真相。但

① 参见[美]莫里斯·曼德尔鲍姆.历史中的客观主义[M]//张文杰.现代西方历史哲学译文集.上海:上海译文出版社,1984:281.

② 刘家和.史学、经学与思想:在世界史背景下对于中国古代历史文化的思考[M].北京:北京师范大学出版社,2005:15.

是，若无视史料的层次性特征也易造成史学研究中由“就事论事”而导致“就事论是”的现象发生，而此时“就事论是”所得之“是”却是片面之“是”、偶然之“是”，虽有一定借鉴意义，但终归也是片面之真。“由于人类历史存在本质上是一由事实、可能以及时间组成的三维客体，单纯停留在事实的一维层面上”①，埋首史料只为“就事论是”不仅难以全面把握真理，更会导致思想保守化。正因如此，一味坚持“就事论事”和“就事论是”的方法论标准，由于缺少历史发生的可能性研究和忽略“历史距离”②之原因所造成的古人与今人之间的不同认识，反而导致不能还原历史真相。严遵此标准下之历史写作，易导致历史书写形式之僵硬，如若只为求此真之目的而将文学修辞和美学类比之写作手法排斥于历史写作之外，则此类历史写作又要丧失其叙事之优美性，加之缺乏必要的历史想象和推测，则此类历史写作还会丧失其流畅性和生动性。由于其形式之僵硬性又在逻辑上缺少必要的连贯性而造成此类历史著作的可读性不高，虽则史料客观真实，但叙述平庸，从而把史学带到一种所谓的孤冷的境地，不仅抹杀了研究者的主观性，还影响到历史知识在民众中的普及。

总之，由于史学所求史料、事实与事件因果解释之真——史学具有科学性；由于所求乃人之真知灼见而非物之实，由于人之灼见之深刻与人之行为之多样，由于其必然性未如自然界之严格，由于其生活话语形式及隐喻的合理使用，由于其教化民众之目的等原因，史学与文学又有一定的亲缘性关系；由于其表现形式、表现意义与画作神似，因此，史学在蕴含科学性与艺术性双重维度的前提下却体现出求真、求善与求美的三重目标，如安克斯密特将他的论点一直追溯至希腊的叙事史诗：“他们彼此讲述的关于祖先事迹的故事尽管不一致，但并不是相互排斥的，因为它们激发了所有伦理和美学的思考。”③评价史学褒其一面甚至对其任一面加以排他性的强调都有甚于削足适履。④

① 周建漳.历史与假设[J].史学理论研究，1994(3)：125.

② Paul Ricoeur. History and Truth[M].Evanston：Northwestern University Press，1965：27.

③ F.R.Ankersmit.History and Tropology：The Rise and Fall of Metaphor[M].Berkeley and Los Angeles：University of California Press，1994：181.

④ 参见周建漳.历史哲学[M].北京：北京大学出版社，2015：120-121.

# 第三章

# 客观性不是评判史学优劣的唯一标准

在客观主义史学和实证主义史学思想影响下，史实的客观真实性是史家最高的追求。然而到20世纪后半叶的后现代主义史学中，客观真实性、认可的普遍一致性和历史规律的普适性都已不再是史学的最高追求，除此之外，对变化、信仰或人性的把握，对差异性的维护才是其标准，后现代史学思想中的客观性标准须在这样的关系中才可获得定位。差异性为什么能带来自由？因为相对于宏大叙事或大写历史而言，尊重差异，尊重历史话语的多样性，才能尊重个性、彰显个性，才能反映出个体的真正的利益诉求，个性的生成变化亦证明了人的社会性和历时性，真正体现出史学尊重历史参与者的平等地位。历史叙述的全面性还可以提高弱势群体的话语权，改变大写历史中他者的地位，使人们认识到历史的真实面目。同时，史学中的差异性研究并不是要否定同一性话语存在的合法性，而是要指出同一性话语具有的暂时性以及和其他话语之间的共存性。[①] 所以，强调多样性才能实现平等性，带来自由社会。多样性的生成，体现出历史叙述的灵活多样性，比如历史叙述中修辞的使用、历史理解的多样性表现等，但是，夸大话语的多样性亦会导致否认历史客观真实性的做法，这说明在历史写作中规范语言、修辞和艺术的应用更为重要。

① 参见陈新.实验史学：后现代主义在史学领域的诉求[J].北京师范大学学报（社会科学版），2004（5）：81.

# 第一节　语言与真实

从客观上讲，历史学家要公正地讲述历史，但是人是被抛入这个社会的，是不容选择的，抛在这个语言系统里的人与抛在另一语言系统里的人在交流上和行为理解上都有部分隔阂，从这一意义上说："不同语言系统中的人仿佛生活在不同世界中。"[①]从学习语言开始，我们便接受了该系统下的价值理念，正因为语言本身蕴含了价值取向，并非一种完全客观的媒介，甚至在同一语言系统下不同人的经历不同，因此，在多数情况下，读者理解的意思并非作者想要表达的意思。由此，文本一旦完成，"作者就已死亡（巴特语）"[②]，这说明语言有一种相对独立性，并不完全由作者所控制，但是读者对文本的解读也不能随意，这又说明文本具有一定的客观性。这体现出语言和现实世界并不是一种二元对立关系，语言一旦产生就和现实是在整体上联系的，虽有所分、虽不同区域有不同的名称，但是从根本上说语言本身都受到实在的约束和引导。语言虽有一定的灵活性但不能随意形塑世界。语言离不开现实世界，现实世界单从物质世界的角度而言当然可以离开语言，但从人的角度分析现实世界却离不开语言。正因为有了语言，现实世界才显得更清晰，是人类用语言明晰了世界的结构，从此角度分析，拉康指出：语言之外无结构，正是语言的作用使

---

① 周建漳.历史哲学[M].北京：北京大学出版社，2015：229.

② 王晴佳，古伟瀛.后现代与历史学：中西比较[M].济南：山东大学出版社，2006：58.

得现实世界在语言的水平上得到理解。[①] 这和伽达默尔的"能够理解的存在就是语言"[②]一样都着重指出语言并非符号和声音,更是真实世界的表现与解释。由于世界的多样性导致语词本身的多义性,加之历史文本本身的复杂性和整体性,所以说要求针对同一件事所做的历史写作都做到完全客观一致是强人所难,尤其是由语词构成的单独陈述句式(以指称性句子或相应形式的句子存在)之真的要求和由单独陈述句式构成的整体文本之真的要求各不相同。

## 一、语词、句子之真与文本之真

关于语言与事物存在的关系,在语言学转向之前,面对专名和通名的指称对象不同,有唯名论和唯实论之争。唯实论认为通名像专名一样也指称实在的对象,唯名论持相反意见,认为专名的所指是唯一的,通名却没有一个明确的对象与之对应,而是某一个类的记号。唯名论与唯实论之争说明现实中语言并不都存在一一对称的名与实的指称关系,有的是类与个体的关系,此外现实中除实体词语之外还有形式词语,实体词语比如"桌子",形式词语比如"如果……那么……""所有""有些"等。在实体词语中有些也是现实中并不存在实体与之对应的词语,比如当人们说"金山不存在"时,他们所使用的"金山"这一词;又如判断"当今的法国国王是秃子"这句话正确与否并不是判断国王是不是秃子,而是判断法国的政治体制问题,根据当今法国政治体制,使用的虽是实体词语"法国国王"但现实中却没有实体对应。为了应对迈农(Alexius Meinong)的"金山悖论"和解决逻辑结构、语法结构与句子的真假和意义的关系问题,罗素提出了摹状词理论,用来消解语词与现实的不一致问题。在史学领域中的一些专名更是找不到与实体的一一对应关系,比如"法国大革命"等词语。这些也都说明语言与现实虽然并不都是一一对应关系,但是也不能依此夸大为语言与现实毫无关系,进而通过反对历史文本的虚假性来反对历史认识的客观真实性。所以,在词与物的一一对应关系中,认为世界先有一物,

---

① 陈嘉映.语言哲学[M].北京:北京大学出版社,2003:76.

② [德]汉斯-格奥尔格·伽达默尔.真理与方法:哲学诠释学的基本特征(上卷)[M].洪汉鼎,译.上海:上海译文出版社,2004:11(译者序言).

后命其名,接着我们就可以把某物的名称放在语言中交流或者作出承诺,此种观念其实并非语言的真正实情,所以指称论在使用中是有限制的。词语与实物的多样性对应而非一一对应的特征正是事物复杂性的表现。

指称论中词与物的一一对应关系在历史研究中的优点是:唯有语词才能让一物作为它所是的物呈现出来,并因此让它到场。因此,正如海德格尔所说的语言是存在的家。正是语词具有使不在场者到场的作用,才使得安克斯密特提出历史表现的概念,“表现”一词的常规意思是“再现”和“表象”,此种意义上理解的历史也只能是认识论上的层次。在贡布里希、古德曼、丹图以及伽达默尔等人的努力下,人们发掘出该词的本义是“使在场”及“代表”的意思。正如在政治领域中由“人大代表”代表广大人民出场一样,安克斯密特巧妙运用表现一词的本义,把作为文本的历史叙述从语词的表面上升到了本体层面,使过去本身的不在场重新得以到场。① 本来是替身的历史文本此时由于表现的作用而成其真身,即两者具有同等的本体论地位,在这一意义上,替身即真身。② 根据安氏的观点,作为过去的本身在当下现实中是不在场的,它的在场要由它所留存下来的踪迹或记录来显明,并通过历史叙述的方式得以到场。此时安氏就把历史研究者和被研究的事物之间的关系看作研究者和作者、研究者和文本之间的面对面的“交流”和“谈话”,然后结合前理解方式得到对过去的认识,历史研究就由主客二分的认识论通过替身中介而上升到本体论上的主体间性。

指称论在历史研究中的阙如显示在语言学转向之后,其所主张的真理不是像经验主义者所认为的那样由外界实在作为判断标准,相反,真理主张总是在理论整体中加以考虑。③ 易言之,在关于单个历史事件的陈述句上可以做到语言与实在的一一对应关系,此时的真理符合论可以起到作为判断真假的标准的作用,这是史学与自然科学的共有部分。而作为整体的历史文本与它所

---

① 参见周建漳.历史哲学[M].北京:北京大学出版社,2015:235-236.

② 参见[荷兰]弗兰克·安克斯密特.历史表现[M].周建漳,译.北京:北京大学出版社,2011:18(译者序言).

③ [荷兰]弗兰克·安克斯密特.历史表现[M].周建漳,译.北京:北京大学出版社,2011:33(中译本前言).

表现的过去的关系却不能像指称论所认为的那样存在着一一对应的硬性的确定性,这是史学与自然科学相异的部分,两者虽无一一对应关系,但也确与过去的实在相关。因此,历史书写虽与文学、艺术相似,但并不是一种随意创作,史学有自己真实性的一面作基础,虽有超越但不能舍弃。为解决历史文本与历史实在的对应关系问题,为史学的学术地位做一辩护,安克斯密特用"关于"一词来代替"指称"这个词。[①] "关于"一词虽体现的是两个事物之间的联系,但这种联系并不是如描述性质所具有的一一对应关系,而是隐喻关系,即我们依照别的事物来看待此事物。既然是隐喻关系,那么该隐喻就可以依照其他事物比照过去本身以期表现过去。也因为是隐喻关系,关于过去的解说就会是多样性解说,而非确定性描述,加之使用隐喻手法,更失其精确性描述,但是,不确定性和准确性的缺失也正是历史写作的必要前提,因此安氏认为我们关于过去的历史解说增殖越多,我们距所要探求的历史真理就越近,史学的教化意义便愈加凸显。解说的增殖越多越接近真理,这与我们习以为常的自然真理研究方向相反,但是这并不意味着我们应该怀疑史学的合理性以及史学辩论的合理性。[②] 隐喻手法的引入使得叙述文本更具多样性和独特性,这说明在确保史实陈述真实性的基础上,叙述文本具有自己特有的逻辑和结构,该结构可以用多种解说方式来表现过去本身,比如安克斯密特所举的关于地球是什么的多种比喻的例子即可见一斑。[③] 因此,在提出隐喻的理论后,安氏依此强调了历史叙述的真实性、独特性和多样性。[④] 其实真实性、独特性和多样性是史学的基础和特征,试想面对同样正确的史料,如果得出的结论、评价和感受千篇一律,那么,这样的结果要么就是正确的、确信无疑的,要么就是有部分群体集体失声。所以,历史研究不能完全模仿自然科学那样追求真理的一致

---

① 参见[荷兰]弗兰克·安克斯密特.历史表现[M].周建漳,译.北京:北京大学出版社,2011:21(译者序言).

② Frank Ankersmit. Historical Representation[M].Stanford:Stanford University Press,2001:13-17.

③ 安克斯密特提出三个隐喻:地球是一艘太空船;地球是个花园;地球是间起居室。[荷兰] 弗兰克·安克斯密特.历史表现[M].周建漳,译.北京:北京大学出版社,2011:14.

④ "最好的历史表现是最具独创性、离惯常习见者最远的表现,是看上去最不像是真的——然而却不可能根据现存历史证据加以驳斥的那一个表现。"[荷兰] 弗兰克·安克斯密特.历史表现[M].周建漳,译.北京:北京大学出版社,2011:17.

性，史学重在解说的多样性，而非追求表面的一致性。

指称论虽有自己的优点和缺点，但是在使用中不能极端化。若只认可指称论中词与物的一一对应关系，就只能看到符合论的作用而看不到融贯论和实用论的作用；若只看到词与物中的非一一对应关系，并把词或语言夸大为符号或仅是声音，就会混淆史学和文学的区别。相应地，如果只为求史学中句子之真实，而把历史研究和历史写作截然二分，则是犯了二元对立的思想错误。

此处的历史研究是指用来探知历史事件真假的史料考证的研究方法，而此处的历史写作则指从整体上来把握历史素材的选择和适当的裁剪以利于叙述结构的方法。历史研究和历史写作可以有所区分，但不能截然对立，两者的关系毋宁说是互补关系。若只为历史研究，则所得都是史料之真或片段之真，即"陈述句"①之真。关于过去事件的描述性的句子之真，此类真实只能是零散的、没有启发意义的真陈述。但是若只为历史写作，甚至会出现为服务于预设结构而按照普洛克路斯忒斯之床（某种强制运用于某物之上的模式的做法）的标准进行强制裁剪或者"拉长"史料，把自己坚持的某种模式强加在过去之上，进而写出完全符合自己政见要求的"史学作品"的情况。因此，真正的史学作品是在句子之真的基础上，在全面历史意识统摄具体史料的前提下，用自己的历史感悟和实践经历把史料本身所蕴含的历史意义挖掘出来并有机地结合现实加以表述。此时，史学家正确的主观性的发挥起着主导作用，否则，会出现句子之真而文本整体错误的情况，但是也会出现部分句子错误但文本整体正确的情况。为此，安克斯密特主张将在真实性基础上的史学独创性作为判断史学优劣的标准。相对安克斯密特而言，海登·怀特主张从伦理的角度来评价历史理论的好坏，只是怀特认定的特定的利益指的是为了整个人类的利益。②

---

① 一些与历史主题相关的陈述，该陈述是以指称性句子形式或类似的句子形式存在的。Jerzy Topolski. Conditions of Truth of Historical Narratives[J].History and Theory,1981,20(1):49.

② "理论有好坏之分，好的理论导致在道德上负责任的思想，坏的理论则使我们远离这种思想"，"恰当地用来评价某种理论的唯一标准是它在促成某种特定的伦理、道德或政治类型的目的、目标或结果时的效用。"Hayden White. Figural Realism: Studies in the Mimesis Effect[M]. Baltimore:Johns Hopkins University Press,2000:viii.

安克斯密特和怀特的关于文本整体之真的理论亦可以用托波尔斯基的观点来分析，比如托波尔斯基的《历史叙事之真实性的条件》一文认为，历史叙事的逻辑在三个方面与众不同："在历史叙述中我们发现：(1)构成历史叙述(故事)的所有成分其陈述的真实性并不能保证其整体的真实性；(2)一个历史叙述(故事)即使其某些部分的陈述是假的，其整体也可以是真实的；(3)与另一种叙述(故事)相比，真实陈述所占比例更大的叙述(故事)，并不能保证其更真实。"①

## 二、托波尔斯基论历史叙事之真实性的条件分析

托波尔斯基从三个方面分析作为整体的历史叙事及其组成部分的关系，现分条加以分析。

首先，分析"构成历史叙述(故事)的所有成分其陈述的真实性并不能保证其整体的真实性"。此内容与上一章所论及的"真实的谎言"有关。比如阿克顿勋爵就曾指出兰克著作中的缺陷，认为尽管其所有关于局部事件的事实陈述都是真实的，但其"整体上并不正确"。② 这就是安克斯密特将陈述句与文本整体相对立的原因之一。③ 因此，在强调"历史叙述要客观真实"时，这里的真实就应该包含语词的真实、句子的真实和文本的真实，只有三者有机结合，才能体现出语言与真实的切实关系，否则强调任一方面而忽略其他方面的真实都只是片面之真，也会把人引入语言只是变动不居的符号而已的认识歧途。

其次，分析"一个历史叙述(故事)即使其某些部分的陈述是假的，其整体也可以是真实的"。此情况往往是错误的部分在整个文本中并不占主要方面，其存在对整体的影响可以忽略不计；也有的为了渲染气氛，突出该事件或该人物在整个文本中的重要性，以使叙述(故事)更入神而采用的有意"造假"行为，比如阿基米德之死的环境渲染等历史叙述(故事)，此类错误(可能是错误的)

① Jerzy Topolski. Conditions of Truth of Historical Narratives[J].History and Theory,1981,20(1):51.

② Herbert Butterfield. Man on His Past: The study of the History of Historical Scholarship[M]. Cambridge: Cambridge University Press,1955:87.

③ 参见[荷兰]弗兰克·安克斯密特.历史表现[M].周建漳，译.北京：北京大学出版社，2011:27(中译本前言).

不但不影响其真，反而使故事更真，更能勾画出人物的精神风貌或事件的独特影响面。但是，并不是所有的部分之假其效果都能如此，有时部分之假甚至是部分之缺陷就可能动摇读者认可其文本的信心和决心，从而抛弃该文本并抛弃该文本之主张。比如 19 世纪末 20 世纪初，当兰克史学如日中天之时，德国的兰普莱希特（Karl Lamprecht）就对兰克学派专注于研究官方的狭隘的军事、政治和外交等领域深感不满，于是提出要研究社会文化和大众心理来补充人们对国家政治的了解。虽然兰普莱希特的《德国史》在出版后由于其见解新颖且考虑大众利益的研究转向而颇受欢迎，但他对兰克史学所作的“反叛”却未能成功，因为在他的著作中包含很多史实性的错误，让人极易捉到辫子，从而轻易否定它的价值。[①] “同样地，也有个别的历史著作的读者，如果他没有做好充分的准备去把握作品的整体意义和把握解释的新颖元素，那么他就会根据偶然的事实错误或陈述来评价它，在他看来，这是不真实的历史叙述。”[②]这说明史料的真实性和单个陈述句的真实性对史学文本整体的真实性至关重要，从形式逻辑上分析，合取命题的真要求所有的合取支都真，只要有一支为假，则整个合取命题为假。形式逻辑虽不考虑语境因素，但其基本的逻辑推理形式在史学中也是不能随意违背的。

最后，分析“真实陈述所占比例更高的历史叙述未必比另一种历史叙述更为真实”。这要从历史叙事的纵向（垂直）结构加以分析。在历史叙事的纵向结构中，我们可以挑出三个层次：（1）清晰的表面层，由一系列的陈述明确表达（事实层 A），此层面是读者直接接触的材料，通常应用的是经典的真理标准，因此此层面中出现错误的因素极易被发现；（2）不清晰的表面层，但该表面层间接地包含在清晰的表面层之内（事实层 B）；（3）深层（暗含的或者理论的）层次，包含在（1）和（2）中，通常以隐式的方式存在（理论层）。叙述的潜在元素以层次（2）和层次（3）的形式出现，可以很容易地指出，完成层次（1）与层次（2）的叙述并不能消除将经典的真理概念应用于历史叙述的障碍，只有当我们将层次（3）考虑在内时，才会有新的分析前景，因为层次（3）是理论层，所以叙

---

① 参见王晴佳，古伟瀛.后现代与历史学：中西比较[M].济南：山东大学出版社，2006：42-43.

② Jerzy Topolski.Conditions of Truth of Historical Narratives[J].History and Theory，1981，20(1)：52.

事的真实性主要由第三层次决定。[①] 这可以从编年史与史学的例子加以说明。编年史所记载事件其真实性比例远远高于史学中所叙述的历史事件，但是优秀的史学作品其真实性反而比编年史更为真实。“这就是说，编年史习惯于以一种相当‘纯粹’的形式来记录这些事件，而不是根据他们关于过去的知识或其后来的发展情况来描述这些事件。这里有一个这样叙述的例子：

- 709 年，艰难的冬天，戈特弗里德公爵去世了。
- 710 年，艰难的一年和农作物的减产。
- 711 年，大洪水。
- 712 年，宫殿的主管皮平死了。[②]

因此，史学研究要从文本整体上的深层结构来判断该文本的价值，而不能仅从文本中单个句子真假所占的比重来判断，更要从理论层面来把握文本结构。从理论层面把握好文本结构，就可以应用合理想象、修辞等手法来书写出更为真实的史学著作，而不必拘谨于史料的有限、语言的枯燥、旧思想的陈规，完全可以充分发挥自己的主观性。

后现代主义部分学者将历史著述还原为文本和话语之后，又过分强调历史语言的独立性和非透明性，在此基础上夸大语言的主观性和随意性，从而在一定程度上消解了历史著述的客观性和真实性；或将历史看作一种故事，这本身并无过错，只在于其将故事的虚构(其实是文本结构)真的夸大为虚拟构思，从而由历史的合理建构转为历史的虚拟建构，并试图消解对历史发展过程的真实描述。其实这些学者或者没有看到，或者无视语言或文字表面上虽是一种符号，但是其在一定程度上也代表实在，或者反映它们之间的关系，甚至在一定条件下以文字所做的替代物也是真实的再现，语言和文字并不都是一种主观上无意义无实在的符号。所以，认为历史写作与语言紧密相关并不是要否定历史学的真实性，也不能认为写进一些错误的史料于史学著作并无大碍，

① Jerzy Topolski.Conditions of Truth of Historical Narratives[J].History and Theory,1981,20(1):57.

② Jerzy Topolski.Conditions of Truth of Historical Narratives[J].History and Theory,1981,20(1):55.

其实文本整体之真与单个陈述句之真有区别但不是对立,而是对立统一、相辅相成。强调整体结构虽能影响单个陈述,但是不能决定单个陈述,甚至整体结构在一定场合下要遵循单个事件的性质,这是历史写作既有限制性又有多样性、灵活性和真实性的统一,即在真实史料的基础上,文章结构灵活又不失虚假,不仅要体现作者的感受,更要考虑被叙述者的感受。

## 第二节　历史表现中的逻辑与修辞

逻辑与修辞的初始作用都是求真，只是在发展过程中人们逐渐重视逻辑的推理作用，同时将修辞的作用降低为修饰主词的作用，其求真的功能便被忽略了，此后随着安克斯密特和海登·怀特的努力，修辞又回到了求真的探求之路。

### 一、史学中的逻辑应用

逻辑推理分为归纳推理和演绎推理，逻辑推理具有严密性和因果性，从而被人们赋予理性和科学的色彩。归纳推理的前提是真实的，但结论却未必真实，而可能为假。在历史学中运用归纳方法的逻辑推理，即从已搜集到的史料出发，运用归纳思维，或然性地得出一定条件下的具有普遍性的历史结论，有利于回溯研究过去之事件或对未来作出预测。历史学中应用演绎逻辑的情况，一是在日常生活中积累一些规则性的认识，在此认识指导下演绎出合理的内容以弥补史料之欠缺或记忆之缺失的部分，以使史学结构既完整又符合常理（人性），这其实也是史学要求的合理想象的理论基础。二是利用归纳法所得之结论来筹划自己的未来，这是史学具有教化意义或警示作用的表现。演绎逻辑在史学中起到联系过去、现在、未来的纽带作用，它与归纳逻辑一起，使得史学与日常生活的关系更为密切,[①]也使人们在日常生活中对记忆有所抉择而不再纯粹依赖记忆。正因如此,人们依靠逻辑推理的作用有意识地将生活中看似无关的碎片经过体验者的再体验而使之构成一个有现实意义的联系系统,如此,一切历史现象在此也就具有了认识主体所赋予它的主观色彩,但是又确实是客观存在的事实。[②]

归纳和演绎获得真理的方式不同,但是归纳法和演绎法密不可分,把它们割裂开来本身就是不对的。归纳法和推理法的兼备,是西方近代科学的本质。但是符号逻辑和数理逻辑的符号与日常语言中的词确实没有一一对应关系,所以,依照这类逻辑推出的结论并不一定符合现实,甚至显得荒诞。因此,逻辑推理并不是万能的,要达到求真之目的,还要处理好逻辑符号与实在的关系。正是由于逻辑符号的抽象性甚至是不实在性,所以人们认为自然科学的解释在其本质上是逻辑论证,而历史解释在其本质上是修辞的。[③] 此处的修辞有两层意思,一层是修辞本身代表着实在,另一层是为了使历史表现更生动、更易理解或文采更优美。

## 二、史学中的修辞应用

历史学家总要追求历史的客观真实性,并努力让历史书写有理有据,这都无可厚非也是科学精神对一门学科的最低要求,但是,如果一味为了真实性的事件描述而仿照自然科学的逻辑推理形式并尽量回避修辞性语言的运用且遮蔽文本中所蕴含的诗性因素,那么这样的历史书写就是刻板的、不生动的历史书写,结果导致史学作品中反映的过去和真实的生活中的过去相差甚远。

安克斯密特巧妙运用"表现"一词的本义,把作为文本的历史叙述从语词的表面上升到了本体层面,使过去本身的不在场重新得以到场,其另一个作用是把历史表现和艺术表现加以类比,使史学艺术化,这样历史研究就可以摆脱认识论的羁绊而从美学角度来探讨真理,因为"科学绝不是真理的原始发生

① 参见陈新.历史认识:从现代到后现代[M].北京:北京大学出版社,2010:30-31.

② 陈新.历史认识:从现代到后现代[M].北京:北京大学出版社,2010:32-33.

③ 参见周建漳.历史哲学[M].北京:北京大学出版社,2015:182.

……相反，艺术就是真理的生成和发生”[①]。因此，安克斯密特认为历史编纂学有一种美学的价值，既然如此，真实的历史也可以用浪漫的叙述、直观的图像和灵活的写作风格以文本形式表现出来，其中浪漫的叙述即包含修辞风格。安克斯密特认为历史的写作风格与写作的内容同样重要，在史料无异议、题目一样的前提下书写历史，写出的著作也会风格各异，这里的风格与历史学家的态度、思想方式、写作结构、文学功底和有无历史感等因素有关。同样是描述一件事，比如“约翰相信水已经开了”“约翰希望水已经开了”“约翰说‘水的温度是 100 摄氏度’”，指的是同一个事实，但是描述的效果却不同。[②] 这说明面对同样的史料，写作前预设的结构不同，写作的风格与表现的内容就不同，又如，对于历史编纂学来说，评论家对法国大革命的解读颇具启发性。伯克通过反讽模式、米什莱通过提喻模式、托克维尔则通过换喻模式对大革命本身进行重新编码，所得结果分别被视为讽刺剧、罗曼剧和悲剧。[③] 虽然使用的比喻手法不同，但是都能反映事物真实的一面。正是由于写作风格多样、比喻手段灵活，史学叙事的效果才更明显，所以，仅仅为了达到历史认识的客观性要求而要求在历史写作中也保持惊人的一致性不是史学的合理要求，比如英国历史学家阿克顿（Lord Acton）的言论[④]，此前所述是从“终极历史”的角度加以论述。但是，从修辞效果和文章的深刻程度加以辨析，如果描写某一段历史能让所有读者都满意，能让所有写作者的认识和写作风格都一致，那么这样的历史著作即使能反映出过去的真实情况，也很难说其是一部深刻的具有教化意义的史学作品。假如所有的人写作都一样的话，那么这样的写作就是直接描写历史事件而没有加以合理想象的历史写作，没有探究未转化为历史事件的可能事件。该写法表面上是客观如实地记述史实，其实可能只是片段史料的拼

---

① ［德］马丁·海德格尔.林中路［M］.孙周兴，译.上海：上海译文出版社，1997：45.

② 参见王晴佳，古伟瀛.后现代与历史学：中西比较［M］.济南：山东大学出版社，2006：60.

③ 参见［美］海登·怀特.话语的转义：文化批判文集［M］.董立河，译.郑州：大象出版社，2011：104-105.

④ “我们撰写的滑铁卢战役必须是一个让法国人、英国人、德国人和荷兰人等等都满意的滑铁卢战役，如果不去查阅作者的名单，谁也无法说出从伦敦大学的毕肖普辍笔之处接着写下去的究竟是费尔班还是加斯克、是利伯曼还是哈里森。”［美］彼得·诺维克.那高尚的梦想：“客观性问题”与美国历史学界［M］.杨豫，译.北京：生活·读书·新知三联书店，2009：98.

凑,其写作手法过于呆板,甚至退化为编年史、年代记的写法。阿克顿勋爵的这类思想认为历史是一种科学,不管谁来记载都一样的历史只有在严格遵循物理时间且没有历史的解释和感悟的情况下才有可能,用此方式来书写历史是与真正的史学要求相悖的。

史学本身涵蕴着一种活的精神,是历史学家对历史事件的最大尊重和理解,是历史学家自身精神的表现。优秀的历史著作当然要尊重史实,但重要的是要成一家之言,能运用表现历史的多种方法,包括文字修辞、多重时间和适当的图画,这样的历史表现会更加深刻,并能抓住读者的心理,做到客观中有主观、主观中有客观的主客交融阶段,而不是阿克顿勋爵认为的要摒弃治史者的主观探讨和发挥,只按照历法时间和逻辑推理来刻板地书写历史。

从修辞的文学角度而言,史学需借助于修辞手段来补充或完善史料本身所欲说却不能说出的东西,其实修辞本身还代表着历史实在。隐喻不仅是用一物来讲另一物,从而使所讲事物道理明晰,其更重要的作用在于安克斯密特从以上作用中将隐喻提到了事物本体论层面,即史学中隐喻的范围实际上包括过去本身及其表现,亦可以称之为隐喻真理论,而海登·怀特将隐喻的活动范围限制在文本和表现的层面上。[①]

正因为隐喻的双重作用,隐喻既可以表达作者的情感,也可以唤起读者的共鸣,在一定程度上,没有隐喻我们很难想象当时的历史背景,只能看着枯燥的历史记录而得出难以置信的感受,不能充分调动读者的想象力。此外,隐喻还可以组织认知的这一功能独特而醒目,在史学中得到充分的开掘。对此我们不应感到吃惊,因为,如果历史叙述不是对认知的组织,如果它不是在档案资料及其他历史遗迹的基础上将我们所知道的过去组织成一个融贯有意义的整体,那它是什么? 所以,必要的准确的隐喻是历史文本整体逻辑的组成部分,合理的隐喻在组织具有多重性的历史资料方面比任何其他的方式都更为成功,正是隐喻意象的独特能力将复杂与多面的历史整合为融贯的统一体。[②]

---

① “历史解说的主导性隐喻可以被看作一种探索规则,它有意识地将某些特定的史料从证据中删除掉。”Hayden White. Tropics of Discourse: Essays in Cultural Criticism [M]. Baltimore: Johns Hopkins University Press, 1978:46.

② [荷兰]弗兰克·安克斯密特.历史表现[M].周建漳,译.北京:北京大学出版社,2011:18-20.

## 三、逻辑与修辞在求真方面的一致性

人们往往认为逻辑是严格地以概念、判断为基础并按照推理原则获得新知识的，以此认为依靠逻辑能获得可靠的知识；而修辞则是为了辞藻或语言之优美而采取的具有极大主观性的语言活动。[①] 然而从源头上分析却是逻辑源于修辞。[②] 所以，逻辑与修辞在“求真”方面就具有一致性，两者都可以用来表现真实的历史，只是表现途径不同而已。运用归纳和演绎可以找到事物的真理，运用修辞也可以找到事物的真理，怀特就认为隐喻是真理之源，只是修辞的使用因人而异，很难做到一致性，这又与作者的文学涵养、生活感悟和能否驾驭已有的历史经验有关，但是也与真实有关。

“没有修辞的历史学则失去了与人类更广泛的对话的联系”[③]，因此，在逻辑的基础上合理运用比喻的修辞方式是有效地说明历史事件的方式，在逻辑的基础上进行合理想象也是认识历史的必要环节。海登·怀特根据历史真实是我们通过合理想象而接近的逻辑，因此认为将历史实在合理地运用比喻性语言来表述其实也是一种合理想象，据此，我们便知道为什么隐喻理论如此之重要了。[④] 所以，在历史写作中合理应用隐喻理论不仅可以充分发挥合理想象的作用，还能获得真实不妄的历史[⑤]，并且是令人印象深刻的真实不妄的历史[⑥]。比如赫伊津哈在其著作荷兰文版序言中给出其标题所包含的隐喻：“在写这本书的时候，我的目光仿佛被引向夜晚天空的深处——但这是一片充满血红与沉重的铅灰色的天空，充满不真实的铜的光泽。”

---

① 参见孙维浠，欧阳霞.略论逻辑与修辞[J].重庆工业高等专科学校学报，2004(1)：105.

② 维柯说：“Logic(逻辑)这个词来自逻葛斯(Logos)，它的最初本义是寓言故事(fabula)，派生出意大利文 favella，就是说唱。”[意]维柯.新科学(上)[M].朱光潜，译.合肥：安徽教育出版社，2006：235.

③ Chris Lorenz. Can Histories Be True? Narrativism ，Positivism ，and the “Metaphorical Turn ”[J]. History and Thoery，1998，37(3)：329.

④ Ewa Domanska. Encounters：Philosophy of History after Postmodernism[M]. Charlottesville and London：The University of Virginia Press，1998，35.

⑤ [波]埃娃·多曼斯卡.邂逅：后现代主义之后的历史哲学[M].彭刚，译.北京：北京大学出版社，2007：41.

⑥ 参见[荷兰]弗兰克·安克斯密特.历史表现[M].周建漳，译.北京：北京大学出版社，2011：20.

赫伊津哈关于夜晚天空的隐喻如此充满不祥之兆，及对令人捉摸不透与可怕的邪恶的宣示，为其关于中世纪的秋天隐喻增添了深沉与强烈的情感；当我们读到它时会感觉不寒而栗。

对待逻辑和修辞、理性和非理性要做到二元互补而不是二元对立，才能获得全面的知识。同样是比喻的应用也要反对二元对立思维模式的运用，比如罗曼·雅各布森在一篇《语言学与诗学》的论文中称：浪漫主义诗歌在本质上是隐喻的，现实主义散文在本质上是换喻的。怀特认为这就是一种二元对立的思想，为什么不能有换喻诗歌和隐喻散文呢？这就是怀特提出的叙事解释力转换的多元性。[①]"比如研究一组奇异怪诞的经验……如果我们强调诸要素之间的相似性，我们可以用隐喻模式进行研究；如果我们强调它们的差异性，我们可以用换喻的模式进行研究。"[②]

我们可以看到逻辑和修辞不仅存在对立的一面，而且在求真上两者可以做到优势互补而不是抛弃一方保留一方，修辞要以逻辑为基础才能做到真实反映外界实在。当然人们也指责没有逻辑依据的修辞，因为脱离了逻辑基础的修辞就会导向任意性或者是相对主义，这种指责是为了确保历史的真实性，是无可厚非的，毕竟随意使用修辞会导致文本华丽不实，比如古希腊的"修辞学派只为文辞动人、著作具有戏剧性之目的而不关心所用史料之正确，其文过盛而盖其质的做法实是有悖史学求真精神的"[③]。赫克斯特认为历史写作中修辞的应用不仅仅是影响历史之表现，而且已深入其内在本质。[④] 所以，在适当运用逻辑基础上的隐喻，其作用不只是为了文本的优美，也不只是为了便于解释，它本身还表现着生活本身并反映生活的本真和美好。

---

① 参见[美]海登·怀特.话语的转义：文化批判文集[M].董立河，译.郑州：大象出版社，2011：104.

② Hayden White. Tropics of Discourse: Essays in Cultural Criticism[M]. Baltimore: Johns Hopkins University Press, 1978: 97.

③ 参见张广智.西方史学史[M].上海：复旦大学出版社，2004：37.

④ J.H.Hexter. The Rhetoric of History[J].History and Theory, 1967, 6(1): 11.

## 第三节　历史研究中的绘画表现

历史素材既可以是文字，也可以是图像，文字是描述性的，图像是表现性的，具有一定的直观性。用文字来书写历史是最常见的现象，文字描写除抽象化之外，还具有文字本身不透明性的特点，这是文字记述事件的缺点。为了克服这个缺点，自然科学或者逻辑学引用专业符号来象征实物，这类符号的使用使这些学科迅速发展起来，但是符号的抽象性发展却越来越脱离生活，还需要由文字作为补充说明，因为“无论符号和象征，都是被建立起来的。仅由它们自身无法成为它们自己。可是，画者与被画者的关系无须由建立而成，当画完成时，被画者已在画中。画的意义就是被画者的意义，它们合一，无须建立”，[①]这是图像作为资料的优点。正是抽象符号有脱离生活的缺点，所以在历史研究中人们会关注直观的图像资料。以图像作为历史素材在历史文本中也很常见，有在文中单独插入图画作为文字的补充，比如年鉴学派著名学者布罗代尔的名著《15 至 18 世纪的物质文明、经济和资本主义》就有很多插图属于名画；也有在扉页插入图画用来统领整个文本的喻义，如安克斯密特的著作《历史表现中的意义、真理和指称》所展现的即样；还有以文字和图画相结合来表现过去的。德罗伊森认为历史材料中包含有视觉艺术[②]，如果图画能够形成一种关

① 陈荣华.高达美诠释学:《真理与方法》导读[M].台北:三民书局,2011:107.

② 参见曹意强.艺术与历史[M].北京:中国美术学院出版社,2001:72.

于其自身的独特的表现理论,那么此理论就可以摆脱语言的控制而独立出来[①]。因为图画作为材料可以直接做到主客一体化,也能体现出画的作者、被画者和观画者三者的关系,"我们由于专注于绘画,我们就同时处于所表现的事物之中,绘画通过让人逗留于它而成为指示的。因为,正如我们所强调的,绘画的存在价值正在于它不是绝对地与其所表现的事物分开,而是参与了其所表现事物的存在"[②],其中著名的油画《宫娥》就直接体现了这三者的关系。福柯《词与物》开篇用很长的篇幅来阐释委拉斯凯兹的油画《宫娥》,他说道:"在表面上,这个场所是简单的;它是一种单纯的交互作用:我们在注视一幅油画,而画家反过来也在画中注视我们。"[③]除了图像中的视觉效果,安克斯密特甚至还强调了理解历史最好的方式是听,听就解决了主客二分所面临的困境,做到了主客一体。福柯认为:历史写作还应唤起我们的视觉层面、听觉层面甚至是嗅觉层面的印象。[④]

现实生活的立体性多变性,要求反映生活的历史素材的多样性——文字、图画甚至是声音都可以作为史料使用;也要求历史研究方法的多样性——因为艺术和历史的表现手法类似,甚至使命都有一致的地方,都是一个时代风貌的反映,所以在历史研究中还可以借用绘画的构思方法和绘画手法;更要求历史叙述的多样化——正叙、倒叙、插叙、修辞、想象、插图都可应用,不能把某种叙述形式定于一尊,只有这样的历史叙述才能体现出生活的多彩,反映出真实的生活情境。正因为表现历史的方式是多种多样的,所以历史研究不能拘谨在传统的方式中。

## 一、彰显主观色彩的艺术作品

研究历史客观性问题不能完全参照自然科学中的科学客观性的标准,因

---

① 参见徐丽娜.米切尔与图画转向[J].同济大学学报(社会科学版),2012(3):88.

② [德]汉斯-格奥尔格·伽达默尔.真理与方法:哲学诠释学的基本特征(诠释学Ⅰ)[M].洪汉鼎,译.北京:商务印书馆,2013:224.

③ [法]米歇尔·福柯.词与物:人文科学考古学[M].莫伟民,译.上海:上海三联书店,2001:5.

④ 参见[波]埃娃·多曼斯卡.邂逅:后现代主义之后的历史哲学[M].彭刚,译.北京:北京大学出版社,2007:160-161.

为科学客观性在某种程度上要求任何人在给定条件下判断某个事件得出的结论都一致,其间体现不出研究者的个性表现,但是历史学家的作品却是自己个性的表现,越优秀的史学作品其个性体现得越明显,所以研究历史学反而可以借鉴艺术学的方法。

艺术作品在某种意义上被认为是艺术家个性的一种表现,艺术家越对事物有某种感情和洞见便越要求其作品具有真实性和客观性。因此,论述历史认识客观性问题的最好方法之一,乃是把历史思维同化于艺术家的思维。历史学犹如艺术,它给人们勾画出一幅幅虽不同但又并非不相容的肖像。①

在艺术领域,主观性使得真正伟大的艺术家成为其所是的那个人,使得其作品异常清晰地有别于同行们;我们知道,正是在主观性中,艺术家的客观性发现了它唯一的、排他性的起源。在此,主观性是通向客观性、通向客观物质世界的唯一途径。观看具有不同于那个时代特色的雷斯达尔的绘画会引领我们接近新的、更丰富的、更完整的自然经验,其原因正在于他的主观性。这里,最显著的主观性是最高程度的客观性的条件。如果说"客观的"艺术家以类同于我们所有人的方式呈现世界,只能说他们是一个毫无趣味的、令人厌烦的艺术家。②

实际上与原型完全一样的画作在表现原型的特点上反而影响不大。"试想一下漫画。在一幅漫画中,根据漫画家想要传达的表现洞见,一个人外形的样子被极度夸张。虽然在叫真的层面上出现了可确指的歪曲,但漫画或变形的肖像在被画对象人格方面有时却给我们以比照相或其他什么我们会说是逼真的东西更富神韵的形象或更深刻的洞察。许多政客或名流怪诞地与其漫画神似胜过照片,这提示我们,表现层面所具有的不仅是相对于真描述的特定自足性,而且甚至是超越后者的优越性。"③在伽达默尔看来,"艺术的模仿品不是指它跟原型完全一样。完全一样的模仿不是艺术品,而是照片或复印。艺术的模仿品能排除原型的偶然性,清楚凸显它的本性,深入呈现它的意义。同

① 参见[英]沃尔什.历史哲学导论[M].何兆武,张文杰,译.北京:北京大学出版社,2008:13-14.

② [荷兰]弗兰克·安克斯密特.崇高的历史经验[M].杨军,译.上海:东方出版中心,2011:80.

③ [荷兰]弗兰克·安克斯密特.历史表现中的意义、真理和指称[M].周建漳,译.南京:译林出版社,2015:105-106.

理,戏剧里的曹操比真实的曹操更阴险,诸葛亮比真实的诸葛亮更聪明,关公比真实的关公更忠义,因为模仿品更清楚深入呈现原型的意义。模仿品显示原型的本性,那么,模仿品的出现,反而让原型的本性更本真出现。让原型更本真成为它自己。于是,模仿品不是原型的摹本,也不是单纯的重复,而是带来原型的本性知识。……从认识的观点说明模仿,则模仿不是重复,而是显示。模仿一物,是显示它的本性。同理,理解模仿品,是理解它显示出来的本性知识。那么,艺术的模仿论,基本上不是指外形的重复,而是本性知识的重认,真理的显示"[①]。

现实生活的多面性决定了历史写作的多样性,历史写作的前结构决定了写作的风格和材料的选择,正如自然科学中不同理论指导下的观察效果各异,比如"鸭兔图"的观看效果和观看 X 光照片后医生和普通人看到的结果不同,所以,不同理论指导下的观看或者不同期望下的观看所得到的结果是不一样的。又如绘画,"针对同样景观而言,我们并不能期望康斯坦布尔和塞尚这两位画家也能看到同样的东西,我们也不想评判他们之间谁的表现方式更正确"[②],此处绘画的风格更类似于历史书写的风格。

## 二、尽显原型本色的艺术作品

历史写作的技巧犹如作画时运用晕染法[③]技巧,不再是如原型本色所示的直白描写手法,而是通过色彩的浓淡相宜来凸显事物的立体感和透视感,如运用晕染法风格既能表现人物的面部色泽,又富有立体感,促使对人物的写实风格不断地发展和完善。运用晕染法的画作,虽然添加了色料和考虑到了光线的明暗对比,但反而让人物更接近真实,更有立体感。而历史事件也是立体的,事件之间的关系复杂,用平铺直叙的方式书写的历史总让人觉得有所缺

① 陈荣华.高达美诠释学:《真理与方法》导读[M].台北:三民书局股份有限公司,2011:77.

② Hayden White. Tropics of Discourse: Essays in Cultural Criticism [M]. Baltimore: Johns Hopkins University Press, 1978:46.

③ 晕染法是绘画的一种技法,在人物面部两颊晕染红色,低处深而暗,高处浅而明,鼻梁涂以白粉,以示隆起和明亮。该绘画手法既能表现人物面部色泽,又富有立体感,使人物画像看起来更真实、更传神。

失，为了体现历史事件的真实性和立体性，为了强调某一事件的地位和作用，可以借鉴晕染法手法突出事件中需要强调的部分，既灵活多样又突出中心。叙述中可以打破物理时间的限制，可利用历史时间的多种表现方式，如长时段效应或者特写效应，利用倒叙或者电影中的蒙太奇的方式，使事件的立体感凸显出来，让读者可以从多方面了解事件的来龙去脉，必要时附上插图和照片以渲染事件的立体感和真实性。不运用晕染法的画作犹如平铺直叙的史学写作，虽朴素地反映出事件的真实性，但事物的立体感不强。

晕染法是在原型人物的基础上添加色彩凸显人物的外貌特征，另外还有一种写意画，是有所舍弃，反而更加真实。比如书写世界历史这一作为整体的"一"的历史，就不是各个地区历史在"多"的基础上进行算术上的相加，而应该采用写意画的手法，重在结构上的完整，而不是数量上的整全。犹如画鸟，并不在于羽毛的整全表现，而在于画作的比例适当、动态逼真，要达到的是神似之目的，为此，内容上必要的取舍反而成为必要，而要重点突出，篇幅上必要的详略也为画作之必选。① 写意画突出的是形态之真而非数量之实，"在此，有所选择和省略不是缺点而是必要"②。

此外，还有一种完全写实的画作，虽然和原型表现一致，但是在凸显事物的特点方面却显得弱化。历史写作如果类似完全写实的手法，那么就会类似于编年史的写法，尽量去掉作者的个性特点，比如"马格利特的画可以看作是对写实绘画幻觉的评论。写实绘画希望在我们心中激起真实可见实在的幻觉，从而当我们观看画框中的画作时，就像我们透过窗户向外看一样。这赋予写实绘画以特有的悖论：你所观看的当然是画。但你被邀请作出这样的反应，仿佛你正透过它看什么，就像你透过窗户看到外面的风景。换言之，画作在那里仿佛就像为了消除它自己。这就像花大力画出写实绘画，意在达到让观画者忘记画的存在这样一个自我贬抑的目的。在此，画作越成功，你就越不意识到其存在。因此，理想的写实绘画是这样的绘画，其存在损之又损而趋于无"③。

① 刘家和.史学经学与思想：在世界史背景下对于中国古代历史文化的思考[M].北京：北京师范大学出版社，2005：9

② 周建漳.历史哲学[M].北京：北京大学出版社，2015：201.

③ [荷兰]弗兰克・安克斯密特.历史表现中的意义、真理和指称[M].周建漳，译.南京：译林出版社，2015：209-210.

这是完全写实绘画的两难境地,画作越成功越和实物神似,即画作在一定程度上可以代替实物的出现,但是,这样的画作却不能反映出作者的个性特点,反而会压制作者主观性的发挥,画作越成功,越让人意识不到画作的存在。

历史学家关于主观性对客观性这一问题的传统常识性信念可以依马格利特画作得到部分说明。回忆一下古朗治的宣称“不是我在向你们讲话,而是历史通过我的口在讲话”,担心自己的语言也许不是通往过去的津梁而是障碍。[①]兰克在其《英格兰史》中的感叹也许更能说明问题,“这一直以来是我的期望,在我的叙述中可以说是压抑我自己,只让事件本身说话”[②],“和斐斯特尔一样,兰克想要抹掉自己,在自己的写作中将自己择出去,因为在其著述中他自己的出现必定会损害其关于过去的描述的客观性”[③]。斐斯特尔和兰克的观点代表了历史客观主义的主张,在此我们或可称之为马格利特式的历史著述观,即完全抛开历史学家的主观性,让过去本身说话,让事实说话,认为文本本身就是过去实在的本身。这种马格利特式的历史著述观和前面我们论述的在历史写作中或者绘画中客观性要经由主观性才能获得的观点正好相反。马格利特式的历史著述观其本意是好的,但是历史写作在这方面却是不能和写实画相媲美的,因为完全写实的绘画在现实中可以采用多视角方式来实现,但是完全客观地全面地描述历史事件的历史文本在现实中却很难写出来。

不管是写实绘画要求之高,还是写意绘画之“随意”,都警示我们绘画不要走入海德格尔所谓的“世界图画的时代”[④]的歧途,该警示和历史写作中的警示一致,即历史写作要发挥史学家最大的主观性,但是总有历史的实在限制着历

---

① [荷兰]弗兰克·安克斯密特.历史表现中的意义、真理和指称[M].周建漳,译.南京:译林出版社,2015:210.

② L.Ranke. A History of England Principally in the Seventeenth Century[M].Cambridge:Cambridge University Press,1876:467.

③ [荷兰]弗兰克·安克斯密特.历史表现中的意义、真理和指称[M].周建漳,译.南京:译林出版社,2015:210-211.

④ “世界图画的时代”是海德格尔对技术化和感性化的20世纪的一个轻蔑的称呼。说世界成了图画,也就是说世界成了人类只要感到有用就爱怎么描述就怎么描述的东西,成了人类爱怎样想象就怎样想象的东西。因而,使世界成为图画与使世界变得可以为权力意志支配是一回事。它成了我们可以雕塑的泥土。[美]理查德·罗蒂.后哲学文化[M].黄勇,编译.上海:上海译文出版社,1992:143.

史学家的想象，有责任心的历史学家应该“在一切可能的证据的基础上尽可能恰当地确定历史行为主体的意向与信念是什么”。[①] 想象要在实在允许的范围内合理发挥而不是随意建构，因为历史想象不同于文学想象，它不是随意建构的。例如拿破仑翻越阿尔卑斯山的画作，目前有两幅关于此事件的名画，一幅画中的拿破仑被描绘得很华丽，他骑在一匹白马上，其自身散发着一股强大的力量，显示着其富有和取得的巨大胜利。不幸的是，这幅画是一个明目张胆的谎言，是历史被宫廷画家操纵了的例子。[②] 另一幅画是拿破仑骑着毛驴，带着疲惫的身躯在向导的带领下沿着山路缓慢前行，这一幅画作没有体现出拿破仑的英雄豪情，但却是真实史实的反映。

作画中，画家可以根据自己的需要在三原色[③]的基础上调配出不同的颜色，历史写作类似调色，面对同样的史料，选取标准不同组合成的叙事方式也不同，绘画中三原色的适当比例混合可以调出不同的鲜亮的色彩，历史写作中为了突出人物的特点，也可以把该人物的不同事例融合在一起，以便产生出鲜明的人物个性。画家作画要先打底色，起稿后不是直接涂上图画的最终的颜色，而是先上一遍底色。底色可以控制整体的调子，并用简单色彩确定素描关系，最终的色彩是根据画面的各个不同部分互相影响得到的，而主观随意地使用色料会使画面破碎而没有整体感。犹如历史写作之前要确定情景模式，即打底色，底色打得完美即情景渲染适当，文本的效果才明显。比如悲剧色彩的历史事件，底色就不能调为浪漫的色彩，否则文本整体显得前后不一，就很难达到叙述的效果和目的。历史写作为了突出某一事件的特色，也可以先写别的事件，然后用反衬手段凸显该事件的特点，这些类似于绘画中打底色的手法。所以，历史写作应多样化，不应强求叙述的一致性，否则叙述将显得乏味。

史料之于历史构图犹砖瓦之于高楼，史料并不能自行绘出一幅所悬之为

---

① Frederick A. Olafson. The Dialectic of Action: A Philosophical Interpretation of History and the Humanities[M].Chicago:The University of Chicago Press,1979:219.

② Write Work Contributors.The historian is more like a painter than a photographer[EB/OL].[2018-06-06]https://www.writework.com/essay/historian-more-like-painter-than-photographer.

③ 三原色分光学三原色和色彩三原色，光学三原色是指红、绿、蓝三色，色彩三原色指红、黄、蓝三色，光学三原色和色彩的三原色是不同的，但是它们都可以按一定比例混合成不同的光色或颜色。

鹄的历史构图,犹如建筑需要建筑师精心设计的蓝图指导一样,史料若构建成历史学大厦也需史学家在此基础上的精心构思与反思。史料本身并无高下之别,但史学家对史料的把握程度、理解与阐释水平的高下却直接决定了史学水平的高低。[①] 充足与真实的史料是历史学研究的材料,犹如绘画前的原型物和颜料是绘画的基础一样;文本的真实是历史学价值的条件,犹如画作的价值能表现原型特有的特征一样。史学舍弃了真实性就舍弃了学科存在的必要性,但是在真实史料的基础上却能演绎出不同的史学故事,关键是要演绎出历史的深刻性和启迪性,而不是一味地求真,真实只是起点,深刻性才是目标,为达到此目标,合理的形式虚构也是必要的。这就犹如作画,真实的原型和颜料只是起点,反映出事件的抽象性和高深性才是绘画的目标,为此可以创作抽象画或写实画。

① 参见何兆武.历史与历史学[M].武汉:湖北人民出版社,2007:2-3.

## 第四节　历史研究的时间依据

历史本身随自然时间流逝而变化，但是历史研究却不能只按自然时间先后序列标准进行研究，还应该运用历史时间的标准，其实能回顾过去正是历史时间的作用使然。对历史时间所持标准不同会导致对历史的划分结果不同，由此，“历史时间是复杂的和不规则的”。[①] 比如经历的历法时间或物理相同，但由于所依据的标准不同，同一段历史可以划分为不同的历史阶段，如按社会形态标准、按生产力发展水平标准[②]以及按历史相对稳定程度的标准[③]划分等。由于其复杂和无规则，因此，与自然时间的均质、有序的特点相比，历史时间“被无数的悖论所困扰”[④]，如历史时间既具有单向性特征，又因其人化因素而具有可回溯、可追忆的倒逝特征；回归传统乃是历史时间于内容方面的矢量逆向，而历史现象之类同乃是历史时间于形式上的回流。[⑤] 正因历史时间的复杂性、多样性和不规则性，所以，面对同样史料而进行的历史叙述，单从历史时间划分标准之不同来看，就很难做到一致性，有时甚至相差悬殊，但是也正是不

---

① Paul Weiss.Historic Time[J].The Review of Metaphysics,1962,15(4):574.

② 我们按社会形态标准可以把社会形态划分为：前商品经济阶段、商品经济阶段和后商品经济阶段。我们还可以按照生产力水平，把历史时间划分为游牧文明阶段、农耕文明阶段、工业文明阶段。参见余永林.历史时间中的意识形态[J].浙江社会科学，2017(3):75.

③ 如费尔南·布罗代尔提出的历史“长时段”“中时段”“短时段”的三时段理论。

④ Paul Weiss.Historic Time[J].The Review of Metaphysics,1962,15(4):575.

⑤ 参见彭卫.历史时间散论[J].江汉论坛，1991(6):68.

一致性的存在增强了史学家在相同史料的基础上探求不同史学意义的信心,并决心以此别出心裁。如果史学家纯然按自然时间的序列标准来描述、罗列历史事件,那么其深究历史意义之意图就有可能湮没在其描述中,而他也无形中把自己置于探究历史意义之外的旁观者序列,虽有记录历史事件之实在,终因其旁观者的身份和心理而使其缺乏一定的历史视野和合理想象力,导致其失去自由探究之意图,致使史学因缺少探究意义及感同身受的动力而乏味。当然,在此需声明,此处并没有反对按自然时间的序列来描述历史事件的意味,仅指在如实描写过去之实在的同时不应限制自由探究的意愿、视野和想象力。①

## 一、自然时间和历史时间的对立

人类生活的时间性首先建立在外部自然的时间基础之上(如物理学、生物学、和年代学所研究的时间),世间万物于此产生与消亡;除此之外,还有一种专属于人类的内在时间,即人在与外界的自然、他者甚至与自身打交道的时候,有着自己独特的突出其文化本性的内在时间。② 由于时间的复杂性与抽象性,人们无法纯概念式地去把握它,所以人们借助空间来把握自然时间,借助叙述来把握历史时间。

柏格森从纯粹时间和自然时间的差别入手来解释生命之流与有形事物之间的关系。柏氏认为解释生命现象要依靠绵延、无形而又超时空的纯粹时间,此乃真正的时间;而自然时间是空间化的时间,是"偷偷地引入了空间的观念"③,这种时间在本质上借助于人们习以为常的空间概念而偷换了时间的本质,它是把握非生命事实的尺度,不是真正的时间。自然时间的方法过于强调时间的感性形象,并将之分解为一系列独立的单位,表面上看此分法的结果是由一系列独立的瞬间并按一定次序状况形成的无限延长的线,但是由于自然

① 参见[日]沟口雄三.关于历史叙述的意图与客观性问题[M]//中国的冲击,北京:生活·读书·新知三联书店,2011:附录.

② 参见[德]约恩·吕森.我对历史哲学的几点认识[J].历史研究,2016(3):153.

③ [法]柏格森.时间与自由意志[M].北京:商务印书馆,1958:67.

时间标准下的事物之间没有任何质的差别，即对于宏观和微观之事物皆为平等，它们只有量的差异，于此时间中的生命亦不是一个活生生的生成过程，而是一个个不相关的状态或片段，因此，自然时间取消了时间存在的真正意义，自然时间的这种线性表示法并不能表现时间的本质。柏格森的生命哲学或生成论哲学认为真正的时间及进程乃是生命及其进程，此亦为绵延性之依存，因此，生命的自我创造与生成是此类哲学的核心。生成论哲学在历史研究领域的重要应用在于其认为历史本身是一个未完成的自我生成的过程，正因如此，历史是一个正在进行或生成的过程，而不单是过去事件之排列或组合，因之，历史本身亦包含现在在内。同样，由于生成，历史还是一种朝向未来的可能。如此，分析历史事件就不能单纯地分析过去发生的事件，而把正在生成的现在或趋向于未来的动态历史给忽略了或人为取消了，这是柏格森时间观念在史学研究中的贡献。柏格森认为可以依靠内心的直觉体验来把握纯粹时间的绵延性，依此，本能与实在相融一体，实现主观与客观的内在一致；依靠理智的外在分析来把握物理时间或自然时间，因其外在特性，故难以摆脱其机械性之方法，把事物分解成部分以探其根源或因果关系以备己用，甚至对于自我意识，理智亦将其截成各自独立的状态，这是扭曲意识之本性而只为求其因果的做法。因此，理智反而不能处理有生命的、创造性的尤其是自由的东西，此任务只能由直观来完成。[①] 所以，不能按照对待纯粹的物理客体的方式从外部来对待历史时间，而要通过对内心意识状态的体验来看待历史时间，因而历史时间是"活的时间"，是充满感情的人化的时间[②]，是有主体、有担当、能回溯某种文明或某个民族一波三折经历的时间，是更能深刻反映与反思该文明或民族的曲折经历的时间。

"凯尔纳对历史论述的讨论，重新检讨了历史与时间的关系。历史学的基本特征就是强调事件的延续性，而这延续性通常建立在人们的时间观念上，但是凯尔纳并不认为自然时间的延续性提供了历史的延续性，因为每个历史事件都是个别的、不延续的。延续性之所以成为历史学的基本特征，恰恰是与它

① 赵敦华.现代西方哲学新编[M].北京:北京大学出版社,2001:36.

② 参见彭卫.历史时间散论[J].江汉论坛,1991(6):67.

所采用的写作方式即叙述体有关,因为叙述本身就是一种解释。"①凯尔纳认为自然时间的延续性不能提供历史的延续性是有一定道理的,因为按照柏格森的观点,自然时间虽然是按次序形成的无限延长的线,但它其实是由独立的瞬间构成的直线,并不能把握具有生命的历史现象,能体现生命的现象的真正的时间是不能用机械的方法来分割的,它是纯粹的绵延。凯尔纳只从物理时间的角度分析历史事件的个别性和不延续性,他过分强调了分裂,其实事件之间确有不同,但绝非孤立,而是相互联系甚至共存的,况且事件本身也是延续的。另外,历史写作之所以采用叙述体,从形而上角度亦是因为事件本身之联系性和延续性,而非叙述体或叙述结构使然,只是叙述体的方式在解释事件因果关系时逻辑推理更简洁而已,加之按照物理时间方式叙述更能顺应人们的思维习惯,因此,叙述体是常用的历史写作模式之一。

## 二、自然时间和历史时间的统一

如前所析,柏格森把自然时间和历史时间完全对立起来,犯了二元对立的错误,当然凯尔纳也犯了同样的错误,自然时间和历史时间可以区分并分别应用,但是不应绝对对立。巴尔格对待历法时间和历史时间的做法是坚持二元对立和统一的原则,他认为不管是历史的外部时间(可以称之为自然时间、物理时间或历法时间)还是内部时间,其实都是特定场合下的具体时间。然则其区别乃是外部时间暂时撇开历史内容之表现而仅以抽象长度来度量人类历史,可称之为时间上的历史存在;历史的内部时间乃是从历史内容方面来度量历史之实质。历史的外部时间或历法时间是连续的、积累的、绝对的和不对称的,其严格按一个方向流动,且每一瞬都是一次的、离散的;历史时间则是既有连续性又有中断性、既是积累的但在许多方面又是失去的、既可能有循环性也可能有重复性、既有绝对的一次性事件也有历史的相似,尤其是人类社会的无节律性不仅在宏观上表现为人类社会更替的渐进式中断或突发式中断,而且表现在社会形态稳定的前提下不同政治共同体的更替,甚至会有倒退的运动。

① 王晴佳,古伟瀛.后现代与历史学:中西比较[M].济南:山东大学出版社,2006:59.

因此延缓、停滞、加速与倒退乃是历史内部时间所特有的东西。[①] 从以上分析可知自然时间是历史时间的基础，而非两者决然对立，因此，可以称历史时间具有两重维度，其既包含自然时间又高于自然时间。

巴尔格认为历法时间的特征和柏格森认为的自然时间的特征在本质上是一致的，都强调了自然时间每一瞬的离散性。但是柏格森以强调历史时间的生成性为由而否定自然时间作其基础；巴尔格以强调历史时间的多样性、灵活性和不规则性为由进而指出历史时间是较其基础的自然时间更为复杂的时间。

布罗代尔的长时段理论论述人与其周围环境关系的历史，是一部几乎超越历法时间的、滞缓的、静止的、与无生命事物接触的历史。[②] 把缓慢的历史绝对化为静止的历史进而把时间因素从历史叙述中隐去的叙述方式，是把自然时间和历史时间对立起来的思维模式，在历史时间的二重维度下，不能运用二元对立的思维模式只强调一方而贬低另一方，长时段虽然重视环境因素的长期影响，但是也要以自然时间为基础，虽是一种缓慢的过程，但并不是没有时间的过程，所以不能把缓慢的历史绝对化为静止的历史，也不能据此反对其他历史叙述的作用。保罗·利科也指出，长时段理论仍掩饰不住其时间因素。[③] 另外，如果长时段理论真的是“与无生命事物接触的历史”，则又可以用柏格森的自然时间的观点来分析，因此，长时段理论也是以自然时间作为基础的理论。

## 三、时间标准与历史意义

同样是按时间叙事，但所依时间标准不同，叙事的方式亦不同，其所得之历史意义亦不同。例如可以按照物理时间（历法时间）的先后顺序为标准进行历时性叙述，按此顺序书写历史符合人们的生活习惯，是多数历史书写的方法，并且给人的感觉是历史总是逐步上升的；但是，布罗代尔的长时段理论几

① 参见［苏］巴尔格.历史学的范畴和方法［M］.莫润先，陈桂荣，译.北京：华夏出版社，1989：68.

② 参见张芝联.费尔南·布罗代尔的史学方法［J］.历史研究，1986(2)：33.

③ 参见［法］保罗·利科.法国史学对史学理论的贡献［M］.上海：上海社会科学院出版社，1992：42.

乎替代了19世纪的“历史进步”意识，他摆脱了原有时间观的束缚，力图从不同的时间角度考察历史的活动，而不是像19世纪的历史学家那样按线性时间观念分析事件之继承与因果关系而得出历史总是进步的观点。前文分析的兰克史学，其依靠我们习以为常的物理时间的标准，并严格以政府关于政治、军事、外交的档案史料为依托，经过严格考证得出政治、军事、外交与社会进展密切相关的结果。但是布罗代尔却按照长时段理论直接指出此类事件在人类历史进程中仅是一种喧嚷一时的新闻而已，该类事件的短时段特征使其对历史影响甚微。这就使两人由于所持时间标准不同，在评判同一类事件时得出的观点截然不同甚至相互对立。①

此外，历史叙述以事件之间的横向联系为标准进行共时态叙述时会让人感觉该事件是退步的，但是以纵向联系为标准进行历时态叙述时会让人感觉该事件是进步的；亦可以以问题分析为导向只研究其中段而不见其开头和结尾②，还可以按照倒叙的方式来描述事件发展的历程，并把事件之间的前因后果揭示出来，等等。因此，历史叙述多样，虽以自然时间为基础，但又切合本身之实际而灵活多变。

正因为时间标准不同，所以不能严格按照硬性的物理时间标准来判断某地区的历史状况，应该如布罗代尔所认为的那样：不同民族文化都有自己的时间观，它们的历史演进的脚步可以有快有慢，不必遵循西方的时间观。而且布罗代尔还认为在同一个文明中，各种机构、社会团体甚至个人都有着自己的时间观。③ 该观点虽有相对主义的意味，但事实也确实如此，在此，可以说布罗代尔坚持的是唯物主义观点。所以，历史时间在历史学构建中起关键作用，它既可以按年代，也可以按事件性质，还可以按节奏快慢将历史分为不同时期，因此，历史时间既可以是线性时间，多线条交叉并进；也可以是非线性时间，它跳跃、跃迁，有厚度更有深度。④

还以布罗代尔为例，在其长时段理论的影响下，出现了历史书写的一种新

---

① 参见张广智，张广勇.现代西方史学[M].上海：复旦大学出版社，1996：88.

② 参见周建漳.历史哲学[M].北京：北京大学出版社，2015：250.

③ 参见王晴佳，古伟瀛.后现代与历史学：中西比较[M].济南：山东大学出版社，2006：76.

④ [法]安托万·普罗斯特.历史学十二讲[M].王春华，译.北京：北京大学出版社，2012：109.

转向,转向描写"无人"的历史。布罗代尔的长时段理论因其强调了地理环境的决定作用而忽视了政治、文化事件的历史作用,比如政治革命虽从长时段理论来说仅是浪花而已,但就当事人当下而言却是影响深远的事件。在其长时段理论影响下,历史上所发生的重大的宗教改革、英国资产阶级革命、北美独立战争等事件,布罗代尔有的只是一笔带过,有的甚至只字未提,犹如它们对历史发展并不起作用。此外,还由于其历史书写中过于强调地理因素的决定作用而把人的因素逐渐抹去,取而代之的是环境因素与生态因素,进而写出没有人的历史,这方面的代表作是埃马纽埃尔·勒华拉杜里(Emmanuel Le Roy Ladurie)的《自公元1000年起的气候史》,他继承和发展了布罗代尔的长时段历史观,并把它绝对化,把人驱逐出历史舞台,大讲所谓"静止的历史"。他进入法兰西学院就职演说的题目就是"静止的历史"。在《历史学家的领地》一书中,他以"没有人的历史"为题,对气候史和晴雨史作了专门探讨。[①] 此种没有人的历史如气候史、生态史和此前论及的大写历史中的没有人的历史是截然不同的,前者没有人的历史真的是写人类以外的其他事物的历史,虽与人有关但只是关于物的历史,如关于气候变迁的历史,或者是与人有关的酒的历史,但其真的只是在说酒而非人,此类历史真的是丢掉了人,转向对事物结构、局势、周期等因素的分析,如"人与土地""批发与批发商""价格、工资、商业、周期"等成为其研究的热门话题。而大写历史中所谓没有人的历史是抽象的、概括性的没有体现具体个人利益诉求的历史,大写历史写就的是人类整体的发展趋势,从此角度分析,大写的历史仍旧在写人的历史。

当然,还有另一种特色的"没有人的历史",例如勒华拉杜里受长时段理论影响写就的另一著作《朗格多克的农民》是一部用人口学和统计学方法研究历史,即"计量史学"的名作。勒华拉杜里认为,在社会的下层,政治事件所起的影响微不足道,历史的变动主要是由经济(其中包括影响农业收成的气候等因素)与人口因素决定的。在写作中,勒华拉杜里完全舍弃了传统史学的叙述方法,纯粹靠数据来证明、阐述他的论点,因此,他的著作也被称为"没有人的历史"。当然,勒华拉杜里研究的仍是人的历史,只是他不再将精英人物视为历

---

① 参见张广智,张广勇.现代西方史学[M].上海:复旦大学出版社,1996:93.

史的主要角色,而是注重集体、公众的意识,这与兰克史学背道而驰,充分体现了社会科学对历史研究的影响。勒华拉杜里的著作虽然显得枯燥,但却开创了对下层社会研究的先河。①

柏格森、凯尔纳、巴尔格都从自然时间和历史时间的关系论述历史的进程,而布罗代尔却从长时段理论推演出"没有人的历史"和"没有时间流逝而静止的历史",所以,历史本身的进程是按照自然时间推进的,但是历史研究却是按照历史时间的标准进行回溯研究的,正因是回溯研究,我们才能在后见之明的基础上把历史分为不同的阶段,才能确定历史事件的名称与性质。比如丹图所举的"三十年战争始于1618年"的例子,这样简单的陈述句也只有在回溯研究中才能这样命名历史事物,才能有这样的表述,但是历史的回溯研究要回避辉格史的研究弊端。

以上对时间所持的不同理论标准说明对历史的叙述不能一味强调一致的时间标准或者政治标准,只要是能清楚地描述当时历史进程的叙述都是客观的、合理的,它们只是角度不同导致强调的对象不同而已,其中对时间描述之极端者,多是持一种二元对立的思维模式来分析历史事件。自然时间和历史时间可以二元区分但不能二元对立,应做到二元统一或互补。

① 参见王晴佳,古伟瀛.后现代与历史学:中西比较[M].济南:山东大学出版社,2006:77.

## 第五节　历史事件的可能性研究

对历史事件的研究，有人主张以实际发生过的事件作为研究对象，认为这种研究是尊重历史的研究，而没有发生的事件不能作为历史研究的对象，该主张有其合理性，但是如果历史研究只研究已经变成现实的事件，而把一切可能成为现实但没有变成现实的事件忽略掉，只是"用历史结果的一种事实来论证该历史事物的全部……我们把它叫作'简单化的事实论证'"①。虽然这种论证方式在一定程度上能保证历史叙述的一致性，甚至认为不管是谁来研究得出的史实都一样，但是这样的研究方法却是片面的甚至是不公正的。表面上看起来绝对客观公正，历史事件是什么，是怎样发生的，都是按照其实际情况来叙述的，但是这种研究却忽略了可能事件对历史的影响，忽略了历史想象的重要性，忽略了历史研究的现实启发意义，因为当时的历史包含多种选择的可能性。也正是通过对可能发生但是没有发生的事件的探讨，我们才能领悟历史的深奥，才能在今后的生活中遇到同类事件时镇定自若，而不是照搬历史。所以仅以现实的已成结果的事实来论证历史事物可能包含的全部，是以偏概全的简单化的事实论证方法，过去的事情在特定的时间内一旦如此就确实永远如此，意味着"在过去的时间里什么事情也不会再发生了。过去的事没有（新增）什么实质性的东西，没有（新的）能源消耗，也没有任何（新的）变化在那

---

① 王也扬.客观历史的可能性与研究者——读房德邻教授《评"'假如'史学"》感言[J].近代史研究,2006(1):151.

里。过去的一切都包含在现在里面,只不过是以一种冻结的形式存在"[①]。历史的长河在当下时间的尘封下"顿失滔滔",[②]抑或历史人物也如"槛外长江空自流"般消逝。过去的事对现在来说是永远如此的已然史实,然而我们追溯的过去的情景,却包含着多种选择的可能性、本然的可能性。[③]



## 一、历史选择与历史整体

历史有无数可能性,包容万千,而往往是那关键性的一刻决定了人类社会未来的走向。历史事实只是所有可能之中已经实现了的那种可能,这在任何意义上都不意味着其他的可能是不能实现的。对于成功者而言,是神奇的逆转;对于失败者而言,是造化的裁定。而重新假设、推演的过程,仍有太多的不确定性。一切已成为事实的,并不就是历史的全貌;必须再加上一切可能成为事实的,才是历史的全貌。一部真正的历史著作探讨了一切可能性的历史,全部的事实都是历史,但历史并不全部都是事实,它也是全部的可能。探讨事实只能看到历史的局部,探讨可能则可以观察历史的整体。[④]

历史选择同样具有偶然性,历史选择并不是只选择优秀的,正如自然选择也不一定选择优秀的。"现实的选择是多种原因和利害关系互为影响和平衡的结果,由于影响选择的原因在价值取向上并不一致,所以现实的选择并不一定都是最佳选择。当它选择了比较劣势的历史可能为现实,而将比较优势的历史可能性否定后,历史就可能出现某种扭曲的发展,经过一段利益的平衡后,原来被否定的历史可能性,常常会再次显示出来,供历史进行新的选择。"[⑤]历史的整体正如我们当下的现在一样,是多种可能性的混合体,而历史的选择只是整体中的部分。

---

① Paul Weiss. Historic Time[J].The Review of Metaphysics,1962,15(4):584-585.

② 周建漳.历史哲学[M].北京:北京大学出版社,2015:52.

③ 参见周建漳.历史哲学[M].北京:北京大学出版社,2015:52.

④ 参见何兆武.历史与历史学[M].武汉:湖北人民出版社,2007:34-35.

⑤ 李桂海.要重视研究历史的可能性与不可能性[J].贵州社会科学,1989(8):46.

## 二、历史选择的可能性与规律的必然性

“历史选择了某种可能性，固然有其必然的原因，但更多的是偶然的因素所为。正是大量偶然因素的影响，才使历史的选择并不都是最佳的可能性。”①用必然性和偶然性的辩证关系分析，有的历史结果是偶然因素形成的，此时如果把偶然因素当成必然因素处理，就会犯用历史覆盖律推演历史事件的错误，在此基础上人们会认为纯粹依靠历史事件总结的历史规律并不是确切可靠的，进而怀疑历史发展的规律性，这是因为“逻辑实证主义者……无法将规律与偶然的概括（普遍命题）区分开来……并非每一个概括都能被看作是规律性的，偶然的概括并不能履行任何说明的功能。……因此，并非所有的普遍命题都是有效的，都可以作为规律。”②实证主义史学力图从真实的史料中运用归纳法将历史规律揭示出来，以便用规律的绝对性代替历史事实的绝对性。历史解释亦如此，不能用一些偶然的历史现象概括出的普遍命题来说明某些历史事件，更不能把它当作历史规律来预测历史事件。

当然我们并不能据此反对历史规律的存在，若认为历史的发展没有内在的历史规律支配，则史学的科学性将受到质疑，所以，我们对历史规律的存在和发生的作用应持肯定的态度和辩证分析的态度。人类发展有其共同性，维柯认为人类初期互不往来的部落和民族，虽然在时间和空间上都隔得很远，“却都保持住下列三种习俗：（1）他们都有某种宗教，（2）都举行隆重的结婚仪式，（3）都埋葬死者”③。人类历史的这些共同性体现了人性的普遍性，这是研究人类历史规律的前提和基础。此外，社会的共同性决定了认识的共识和研究的可能性。庄国雄认为任何社会都是自组织系统，原因有二：就内部而言，任何个体都不能离开社会而孤立生活，因此维护社会的生存和发展始终是大多数人追求的目标；就外部而言，社会机体本身是一个开放的系统，需要不断与外界进行物质和能量交换。社会系统是自动地由无序走向有序，由低级有

① 李桂海.要重视研究历史的可能性与不可能性[J].贵州社会科学，1989(8)：48.

② 陈嘉明.现代西方哲学方法论讲演录[M].桂林：广西师范大学出版社，2009：57.

③ [意]维柯.新科学[M].北京：人民文学出版社，1989：135.

序走向高级有序的。[①] 由人性的普遍性和社会发展的自组织性,人们发现在历史发展过程中有不以人们的意志为转移的历史规律,并透过历史表象揭示历史发展中的普遍性、统一性和必然性,希望历史可以资鉴现实、预示未来。

若从大历史的角度分析,马克思提出人类历史的发展规律是"生产关系一定要适应生产力发展的规律"和"上层建筑一定要适应经济基础状况的规律",并认为人类社会是由低级向高级发展的。恩格斯也从力的平行四边形原则分析历史的走势,指出历史的发展对个人来说是既在预料之内又在预料之外,此处即会产生历史的可能性事件。对大历史来讲,时势造英雄是历史的必然,是人类社会中生产力和生产关系相互作用使然,至于英雄人物或反动的历史人物是谁,则有很大的偶然性,有时对个人来说完全是机缘,甚至与个人能力无关,比如世袭制下的皇位争夺与选择。对历史研究既要认可人类社会发展的客观必然性,也要认识到部分历史事件的可能性,不能以偏概全,将可能性当作必然性,也不能用必然性覆盖可能性,否认个人的价值和历史作用。

"我们考察各国史,均可看到,在革命危机生成的过程中,'假如'历史当事人中的主导一方能够在为时未晚的阶段或关节上,采取正确的举措来调和矛盾、化解危机、达成妥协,那么革命这种非常态性事件是有可能避免的。而为了证明一种政治理念的正确,硬把历史的非常态性事件说成是历史的常态和唯一的选择,政治家这么做情有可原,史学家也这么做则有违职业的要求。"[②] 所以,不能将可能性的事件当作必然性事件来为自己的观点做佐证,事实如此,不等于事实必然如此。

在史学写作中,如果是历史发展的必然趋势,对人类未来发展有指导意义或警示价值的历史发展趋势,我们可以使用"不可避免的""无可逃避的"甚至是"难免的"这类词语。如果再次发生的概率极大,我们用"极有可能"则更为明智。如果是偶然性的事件,我们就避免使用上述一些绝对性的词语。这既是对现实的尊重,也是史学研究者的责任之所在,毕竟史学研究不同于编年体

---

① 参见庄国雄,马拥军,孙承叔.历史哲学[M].上海:复旦大学出版社,2005:116.

② 王也扬.客观历史的可能性与研究者——读房德邻教授《评"'假如'史学"》感言[J].近代史研究,2006(1):154.

书写,而是要对现实有启发意义和借鉴价值。对于不利于人们的事情,有些事是不可避免要发生的,就警示人们做好防范,有些事是有可能发生的,就警诫人们反思过去,改变行动,阻止事情的发生,进而将损失降到最低。

## 三、史学可能性的研究意义

探讨历史的可能性,我们学到的不仅是历史知识,更重要的是领悟历史智慧。一个历史学家,只有充分认识了这种可能性才能对历史事件的意义和价值有更深层次的认识。如果只是知道现成的历史事件,只停留在现成历史事件上就事论事,而没有探讨事件的起因、转化,没有探讨未转化成现实的事件,那么最多只能说他知道了现实中的历史事实,但不能说他真正理解了或懂得了历史的内涵。

探讨历史的可能性,我们学到了推演历史的方法。对未曾成为现实的可能性的想象与假设必定带有一定的猜测成分,但该猜测不是凭空的虚拟,而是事物可能性的推测与揭示。它与对现状事物的思考是互补的,正好体现出合理想象的重要性,也体现出优秀史学家的才能。反之,如果在研究中缺乏合理想象力的维度,纯粹以已然事实为判断标准,如此,在表面上坚持客观公正的同时往往会陷入极端偏见的“成王败寇”的僵化逻辑①,并极易陷入历史决定论的泥淖。历史事件本身的立体性、发展的复杂性与变化的偶然性,尤其是过去的事件无法如自然事件般重现而得以在当下直接观察和现实检验,导致史学家在历史认识一致性问题和部分事件的准确性问题上难免有所限制,进而导致史学构图很难做到完全客观、全面和准确无误。在史料缺乏或史料记载有冲突的情况下,史学家完全可以根据现有史料发挥想象力推测其未知环节及可能情况,进而作出可能性的模态判断,如此更显示其谨慎的治史态度。史学研究上的开放性、选择性、可错性和可推测性将有助于学术研究的深入开展。②

梅吉尔也认为:“在史学工作中猜想和推测的方法都是被人接受的——事

---

① 参见周建漳.历史哲学[M].北京:北京大学出版社,2015:311.

② 参见李丹阳,刘建一.“可能”与“可能性”:关于历史事实认识与表述的思考——对一种史学观的质疑[J].学术界,2006(4):104.

实上,它们是史学研究所不可避免的。"当然,梅吉尔强调的猜想和推测是有证据支持的,即要求"历史学家有义务用一种清晰的方式论证事件,清晰的论证包括把证据放到它所属的地方,并保证概念论证和反事实论证是其所需要的地方"①。然而此类推测词语都是作者在严格依据证据的基础上提出的,梅吉尔要求历史学家在尊重史料的基础上合乎逻辑与事理地大胆地设想历史人物的"心思"的同时,有责任在自己基于推想与思辨交叉的地方把事情交代清楚,并引导读者与作者一起推测过去所可能发生之事及当事人之心理,这样做其实是尊重了读者的"知情权"和独立思考的权利,而不是盲目地应用"必然""一定""确实如此"这类词,让读者糊里糊涂地被作者牵着鼻子走,此乃史家职业修养之所在以及史学写作之谨慎的表现。②

正是历史可能性具有的多样性,才使人们评价历史成为可能,否则,事件必然如此,评价有何意义? 历史研究有何必要? 正因为历史可能性的存在,才体现出选择的多样性和史学研究的启发性。评价历史事件除了根据已成现实的历史结果评价外,还要分析该事件未转化为历史结果的原因,以及假设采取什么手段该事件会怎样转变;采取什么手段可以阻止该事件的转化;虽然是已经转化为现实的历史结果,但是还要分析在什么情况下该事件还可能"翻身";分析是什么原因导致了该事件错失了历史良机。这些分析虽然用今天的眼光来看某历史事件是不可能发生逆转的,但是,却对人生或人类社会有一定的启发作用。正如现实生活中的例子,一些事件是无法挽回的,但是人们分析该事件的起因之后,却可以得到教训而采取现实的补救措施。

可能性研究对现实生活具有重大指导意义,因为我们就生活在现实中,"在发生学意义上,一切历史都是现在"③。"历史不容假设"的信条只是事后的存在状态,但在当下我们可以改变自己的行动,因此当发现过去出现了失误,或预测未来是有害的,我们可以改变历史进程,避免更大的错误。

---

① Allan Megill.Historical Knowledge,Historial Error :A Contemporary Guide to Practice[M].Chicago:The University of Chicago Press,2007:13.

② 参见周建漳.历史哲学[M].北京:北京大学出版社,2015:288-289.

③ 周建漳.历史哲学[M].北京:北京大学出版社,2015:52.

# 结 语

作为本体论学说的思辨历史哲学问题，历史认识的客观性的问题并未列入历史哲学家的议程，或者说历史认识的客观性是被当作不言自明的前提。1874 年，布莱德雷在《批判历史学的前提假设》一书中首次提出和探讨了历史认识如何成为可能的问题，标志着历史哲学从本体论开始转向认识论。于是史学研究便从追求本体论上的历史转到探讨历史知识的性质上来，正如布莱德雷所言，历史学总是建立在一种前提假设上，面对同样的史料，史学家有不同的理解，所以客观一致的历史认识就成为人们关注的焦点之一。沃尔什也认为，历史认识的客观性问题是历史认识能否“保证所有认真调查研究它们的人都能接受的问题”①，由此，从认识的一致性即认识论上的主体间性出发，历史认识的客观性问题就成为史学研究的重点与难点问题之一。此外，历史认识的客观性问题是史学研究中一个争议很大的问题，是因为该问题中包含的“历史”和“客观性”均出现一词多义的情况，缺乏语境而言说“历史认识的客观性”易使人不知所云，于是学者们通过界定定义、分析语境来消除歧义，在概念界定的前提下从本体论角度上加以明晰，从认识论角度上加以回应，而本书则从认识论角度加以明晰。

从认识论角度分析的客观性定义，既指主观思想符合客观事实，又指效用

① [英]沃尔什.历史哲学导论[M].何兆武，张文杰，译.北京：北京大学出版社，2008：92.

上能取得预期目的，还指有理性的人经过严格训练后的普遍接受和一致认可。本书从认识是否一致的角度切入分析史学中认识的不一致性。在此角度上经分析得出结论：史学表现的多样性正好是史学教化作用的体现，但是史学教化的效用前提一定是坚持事件的真实，否则"一言不实，百事皆虚"，即只要一句话说得不真实，那么，说过的许多事情或再说一些事情别人都认为是虚假的。可见真实性在史学中的地位，史学的阐述和评价看似是想怎么说就怎么说，但是一句不真实的话，对事物的阐述和评价就会让人质疑，所以史学要求严谨。史学的严谨不仅是描述真实事件的严谨性，也包括描述用词的严谨性，比如"可能""不可避免""必定"等词语的恰当应用。史学在严谨态度下也可以加入修辞方式或采用更换词语等方式进行目的渲染，比如前文中提到的"约翰相信水已经开了""约翰希望水已经开了""约翰说'水的温度是100摄氏度'"，指的是同一个事实但是描述的目的和效果是不同的。本书的观点也是坚持在史学真实性的前提下，如何做到史学的多样性、深刻性和启发性。

史学理解和阐释的多样性体现了人们思维和行动的多维性，也体现了现实中的事件其本身的多面性。正如当下的历史剧，虽有戏说的意味但是同一历史事件却能推演出不同历史故事，同一历史事件，剧终选择的时间节点不同，剧情的悲喜性质就会截然不同，给观众带来的教化价值和感受亦不同。不同的历史剧虽描写同一时间段的同一人物，但是剧情的内容却不同，尤其是我们观看后并未感到事件之间的冲突，反而认为当时的人们确实是这样生活的，则说明现实中的人是社会中的一员，关涉更多的事和人，也确实是在人与人的交往中忙碌地生活的。还有当下的一种电影形式，前边给出某一物品的多角度的特写，但是后边故事情景的发展却与该特写物品无关，而是与另一个物品有关，一反我们正常会看到该特写物品对主人公有所影响的思维模式。当我们感到电影不应该这样拍摄时，或当我们惊叹电影拍摄的巧妙时，我们细品，生活不就是这样吗？生活中有寄托很大希望的事最后却失败了，而无心关注的事是不是就成功了？这是"有心栽花花不开，无心插柳柳成荫"的生活写照；生活中也有别人设障碍不让自己前行，自己却跨越式发展的情境，这是"障碍是跨越的支点"的生活写照；生活中多数是"感恩回馈"的感人事例，但也有"农夫与蛇”的寓言故事在真实上演，这就是“可能史学”研究的价值之一。因此，研究历史选择的必然性和事件被历史选择的可能性，对把握现实世界的发展具有很大的启发性，因为明天会怎么样，这是一种可能性，是必然性和可能性相互作用的结果。探讨历史中没被选择的事件是对当时历史整体的考察，看似“虚”的内容，其实正是当时“实在”的内容；有时看似严格遵循历史事件的推论，反而得出的结论却是荒诞的，没任何指导价值。这是历史的深奥之所在，也是历史探究吸引人的地方。对可能性的探究，虽不能改变“铁定”的历史事件，但可以改变今天的事件；虽不能把握历史，但能把握历史未来的进程。

前文讨论了一系列的二元区分关系，二元对立思维模式其实最为熟悉的是主客二元对立，但是在主客二元对立思维模式基础上又形成了一系列的二元对立思维模式，包括抽象与具体、叙述与分析、虚构与事实、艺术与科学、结构与重建、想象与报道等。[①] 其中，本书主要论述主观与客观、历史写作与研究、修辞与逻辑、形式与内容、虚构与事实、艺术与科学、自然时间与历史时间、可能与必然等二元区分关系。

本书主要坚持以二元区分但不截然对立的思维模式对相关二元问题加以分析，如关于历史运动是否有规律的问题，既指出把握历史规律的作用又指出纯粹以历史规律掩盖偶然事件的弊端，既指出历史规律存在的条件，也指出历史不确定因素存在的原因；关于历史学科的性质既指出其科学性的特点又指出其艺术性的优点；关于逻辑与修辞则从对立与统一的关系方面加以辩证分析，史学研究既要遵循逻辑推理的严密性，也要运用修辞手法将史学事件讲得更有故事味和人情味，讲得更令人信服；关于主观与客观的关系则是本书的核心理论所在，不仅论及主客二分还论及主客统一以及认识论上的主体间性和本体论上的主体间性，尤其主张按本体论上的主体间性的思维模式来理解历史是探究到了本真的历史的观点。这也正是历史感在历史研究中的重要性表现。其实历史感是一个历史时代的整个社会风貌、心理习俗、意识形态、生存条件等汇成的时代气息，没有历史感的人是无法理解历史的。有历史感的人能进入历史，与客观的历史融合，能走进或带进历史场景，此时就不仅仅是在

① Frank Ankersmit. Historical Representation[J].History and Theory,1988,27(3):205-228.

外在的观察,而是内在的感受、欣赏和理解历史。

其实,主客关系演变的理论不仅应用到史学研究上能有新的发现,应用到思想政治教育、师生交往甚至是所有人的交往方面都能有新的感受和启发,正当的、合理的、长久的交往若从中国思想方面溯源,可推至“天人合一”理论的提出和遵循,该理论在中国有着广泛的影响。“天人合一”思想其本义就是人在自然中,无所谓主客对立,本就一体化,无所谓谁主谁客,至于后来的“人是万物的主宰”的历程,是既有人的发展但也有“天”的惩戒,最后又回到“天人合一”的理念。师生关系亦如此,本就是双方对问题的探究,虽有教师的“主”和学生的“客”,但是真正的忘我的讨论是不受主客限制的,此时产生的研讨结果甚至是教师也想象不到的。历史研究亦然,人就在历史中,虽有研究初期的“主”和研究对象的“客”,但是当我们带着历史感融入历史研究时,会发现我们就是“他们”的一员。正如我们看历史剧,也在为主人公担忧,跟着主人公喜悦也跟着主人公悲伤。其实主人公早已作古,事实早已铁定,但是我们能感同身受,替主人公着想,这就是历史感和当下生活的有机融合。我们就在历史中,如果从明天的角度看,今天也在历史中,这是主客一体化思想的演变及回归。

其实追求史学的客观性本义是为史学求得一席科学地位,在追求过程中人们发现史学虽不具有自然科学建立在主客当下直接对接基础上的坚实客观性,也不像自然科学那样能保证所有认真调查研究某事的人都能得出一致接受的结果,但关于史学客观性的怀疑主义和相对论质疑最终是不成立的。客观性是史学合理性的必要而非充分条件,客观性之外,史学合理性尚有深刻性、创造性及丰富性等要求,并且,“好的主观性”(利科语)本身即是史学合理性的内在要求。因此,客观性对史学来说并非无条件,我们创设条件,充分发挥“好的主观性”,并依此对史料作出合理鉴定、对史实作出恰当评价、对未知历史作出合理推测、对历史人物进行换位假设、对史学的育人内涵加以整合和提升、对史学的探究奥妙进行解析和“揭示”,这是史学的内在追求和真正价值,而并非如自然科学那样得出一致认可的“标准答案”,这也是本书探究历史认识客观性的价值收获之所在。

# 参考文献

· 英文著作

[1] Allan Megill. Historical Knowledge, Historical Error: A Contemporary Guide to Practice[M].Chicago: The University of Chicago Press, 2007.

[2] Cannon John (ed.). The Historian at Work [M]. London: Routledge Press, 1980.

[3] Carlo Antoni. From History to Sociology: The Transition in German Historical Thinking[M].Detroit: Wayne State University Press, 1959.

[4] Ewa Domanska. Encounters: Philosophy of History after Postmodernism[M]. Charlottesville and London: The University of Virginia Press, 1998.

[5] Arthur C. Danto. Analytical Philosophy of History[M].Cambridge: Cambridge University Press, 1965.

[6] Francois Furet. Interpreting the French Revolution [M]. Cambridge: Cambridge University Press, 1981.

[7] Fritz Stern. The Varieties of History: From Voltaire to the Present, Edited, Selected and Introduced[C].New York: Meridian Books inc, 1956.

[8] Georg G. Iggers. Historiography in the Twentieth Century: From Scientific Objectivity to the Postmodern Challenge[M]. Hanover, NH: Wesleyan University

Press,1997.

[9] Georg Wilhelm Friedrich Hegel. The Logic of Hegel [M]. Oxford: Oxford University Press,1892.

[10] Hans Kellner. Language and Historical Representation: Getting the Story Crooked[M].Wisconsin:University of Wisconsin Press,1989.

[11] Iain Chambers. The Postmodern History Reader [M]. London: Routledge, 1997.

[12] John B. Thompson. Critical Hermeneutics: A Study in the Thought of Paul Ricoeur and Jürgen Habermas[M].Cambridge:Cambridge University Press,1984.

[13] Keith Jenkins. On "What is History": From Carr and Elton to Rorty and White[M].London:Routledge,1995.

[14] John J. Macionis. Sociology[M].14th ed. Boston:Pearson,2012.

[15] Michael Oakeshott. Experience and Its Modes [M]. Cambridge: Cambridge University Press,1930.

[16] Maurice H. Mandelbaum. History, Man and Reason: A Study in Nineteenth Century Thought[M].Baltimore:The Johns Hopkins University Press,1971.

[17] William H.Dray.Philosophy of History[M].Englewood Cliffs,N.J.:Prentice-Hall,1964.

[18] Morgan D F, Cook B J. New Public Governance: a Regime - centered Perspective[M].Armonk,New York:M.E.Sharpe,Inc.,2014.

[19] Frank Ankersmit.Historical Representation[M].Stanford:Stanford University Press,2001.

[20] Frank Ankersmit. Sublime Historical Experience [M]. Stanford: Stanford University Press,2005.

[21] Frank Ankersmit.History and Tropology:The Rise and Fall of Metaphor[M]. Berkeley and Los Angeles:University of California Press,1994.

[22] Frank Ankersmit. Narrative Logic: A Semantic Analysis Of the Historian's Language[M].Hague:Martinus Nijhoff Publishers,1983.

[23] Frederick A.Olafson.The Dialectic of Action:A Philosophical Interpretation of Histoty and the Humanities[M].Chicago:The University of Chicago Press,1979.

[24] Herbert. Butterfield.Man on His Past:the Study of the History of Historical Scholarship[M].Cambridge:Cambridge University Press,1955.

[25] Hayden White.Metahistory:The Historical Imagination in Nineteenth Century Europe[M].Baltimore:Johns Hopkins University Press,1973.

[26] Hayden White. Tropics of Discourse: Essays in Cultural Criticism [M]. Baltimore:Johns Hopkins University Press,1978.

[27] Hayden White.Figural Realism Studies in the Mimesis Effect[M].Baltimore: Johns Hopkins University Press,2000.

[28] Karl-Otto Apel.Understanding and Explanation:A Transcendental-Pragmatic Perspective (Studies in Contemporary German Social Thought)[M].Massachusetts: MIT Press,1984.

[29] Ludwig Wittgenstein.Tractatus Logico-Philosophicus[M].London and New York:Routledge&Kegan Paul,1974.

[30] L.Ranke.A History of England Principally in the Seventeenth Century[M]. Cambridge:Cambridge University Press,1876.

[31] Michael Stanford.An Introduction to the Philosophy of History[M].Oxford: Blackwell Publishers Press,1998.

[32] Jack W. Meiland. Scepticism and Historical Knowledge[M].New York: Random House,1965.

[33] Paul Ricoeur. History and Truth [M]. Evanston: Northwest University Press,1965.

[34] Peter Novic.That Noble Dream:The"Objectivity Question"and the American Historical Profession[M].Cambridge:Cambridge University Press,1988.

[35] Sal Restivo.Science,Society,and Values:Toward a Sociology Objectivity[M]. Bethlehem:Lehigh University Press,1994.

[36] Stephen Gaukroger.Objectivity:A Very Short Introduction[M].Oxford:Oxford

University Press,2012.

[37] W. H. Walsh. Philosophy Of History [M]. New York: Harper Row Publishers,1967.

[38] Harry Ritter. Dictionary of Concepts in History [M]. Westport: Greenwood Press,1986.

## ·英文论文

[1] Andreas Boldt.Ranke:Objectivity and History[J].Rethinking History,2014, 18(4).

[2] AlunMunslow.Objectivity and the Writing of History[J].History of European Ideas,2002,28(1-2).

[3] ChristopherBlake.Can History Be Objective? [J].Mind,1955,LXIV(253).

[4] Bernard Semmel. H. T. Buckle: The Liberal Faith and the Science of History[J].The British Journal of Sociology,1976,27(3).

[5] Carl Backer. What are Historical Facts? [M]// Hans Meyerhoff. The Philosophy of History in Our Time. New York:Doubleday Anchor Books,1959.

[6] Raymond Aron.Relativism in History[M]// Hans Meyerhoff.The Philosophy of History in Our Time. New York:Doubleday Anchor Books,1959.

[7] Chris Lorenz. Can Histories Be True? Narrativism, Positivism and the "Metaphorical Turn"[J].History and Thoery,1998,37(3).

[8] Chris Lorenz.You Got Your History,I Got Mine:Some Reflections on Truth and Objectivity in History[J].OZG,1999,10(4).

[9] Frank Ankersmit.Historical Representation[J].History and Theory,1988,27(3).

[10] Frank Ankersmit.Historiography and Postmodernism[J].History and Theory, 1989,28(2).

[11] Frank Ankersmit.Danto,History,and the Tragedy of Human Existence[J]. History and Theory,2003,42(3).

[12] Georg G. Iggers. The Image of Ranke in American and German Historical Thought[J].History and Theory,1962,2(1).

[13] Hans Kellner.Narrativity in History:Post-Structuralism and Since[J].History and Theory,1987,26(4).

[14] Hayden White. An Old Question Raised Again: Is Historiography Art or Science? (Response to Iggers)[J].Rethinking History,2000,4(3).

[15] H.W. Lawrence. Radical Democracy,African American Subjectivity and John Edgar Wideman's Philadelphia Fire[J].Melus.2008,33(3).

[16] Jerzy Topolski. Conditions of Truth of Historical Narratives[J]. History and Theory,1981,20(1).

[17] J.H.Hexter.The Rhetoric of History[J].History and Theory,1967,6(1).

[18] Nasser Maleki. Contextualizing Kathleen Raine's Selected Poems in the Light of Derridean Model of Deconstruction[J].Journal of Language and Literature,2014, 5(2).

[19] Felix Mühlhölzer.On Objectivity[J].Erkenntnis(1975- ),1988,28(2).

[20] Morton White. Can History Be Objective? [M]// Hans Meyerhoff. The Philosophy of History in Our Time. New York:Doubleday Anchor Books,1959.

[21] Carl Gustav Hempel.The Function of General Laws in History[J].The Journal of Philosophy,1942,39(2).

[22] Martin Kusch. Objectivity and Historiography[J].Isis,2009,100(1).

[23] Robert A. Rosenstone. A History of What Has Not Yet Happened[J]. Rethinking History,2000,4(2).

[24] W. H. Walsh. Truth and Fact in History Reconsidered[J]. History and Theory,1977,16(4).

[25] Warnke Georgia.The Hermeneutic Circle Versus Dialogue[J].The Review of Metaphysics,2011,65(1).

[26] W.B. Gallie. Historical Understanding[J].History and Theory,1963,3(2).

[27] Paul Weiss. Historic Time[J].The Review of Metaphysics,1962,15(4).

## · 中文著作

[1] 陈荣华.高达美诠释学:《真理与方法》导读[M].台北:三民书局股份有限公司,2011.

[2] 陈新.西方历史叙述学[M].北京:社会科学文献出版社,2005.

[3] 陈新.历史认识:从现代到后现代[M].北京:北京大学出版社,2010.

[4] 何兆武.历史理性批判论集[M].北京:清华大学出版社,2001.

[5] 陈嘉映.语言哲学[M].北京:北京大学出版社,2003.

[6] 陈嘉明.现代西方哲学方法论讲演录[M].桂林:广西师范大学出版社,2009.

[7] 何兆武.历史理论与史学理论:近代西方史学著作选[M].北京:商务印书馆,1999.

[8] 何兆武.历史与历史学[M].武汉:湖北人民出版社,2007.

[9] 何兆武,陈启能.当代西方史学理论[M].上海:上海社会科学院出版社,2003:9

[10] 张耕华.历史哲学引论[M].上海:复旦大学出版社,2004.

[11] [英]加登纳.历史解释的性质[M].江怡,译.北京:文津出版社,2005.

[12] 周建漳.历史及其理解和解释[M].北京:社会科学文献出版社,2005.

[13] [英]柯林伍德.历史的观念[M].尹锐,方红,任晓晋,译.北京:光明日报出版社,2007.

[14] [德]亨里希·李凯尔特.李凯尔特的历史哲学[M].涂纪亮,译.北京:北京大学出版社,2007.

[15] 李杰.历史观念——实践历史哲学的建构[M].北京:人民出版社,2013.

[16] [美]理查德丁·伯恩斯坦.超越客观主义与相对主义[M].郭小平,康兴平,赵仁方,等译.北京:光明日报出版社,1992.

[17] [美]欧内斯特·内格尔.科学的结构——科学说明的逻辑问题[M].徐向东,译.上海:上海译文出版社,2002.

[18] [美]雷克斯·马丁.历史解释:重演和实践推断[M].王晓红,译.北京:文

津出版社,2005.

[19] [美]威廉·德雷.历史哲学[M].王炜,尚新建,译.北京:三联书店,1988.

[20] 周建漳.历史哲学[M].北京:北京大学出版社,2015.

[21] [法]安托万·普罗斯特.历史学十二讲[M].王春华,译.北京:北京大学出版社,2012.

[22] [荷兰]弗兰克·安克斯密特.历史表现[M].周建漳,译.北京:北京大学出版社,2011.

[23] [荷兰]弗兰克·安克斯密特.历史表现中的意义、真理和指称[M].周建漳,译.南京:译林出版社,2015.

[24] [荷兰]弗兰克·安克斯密特.崇高的历史经验[M].杨军,译.上海:东方出版中心,2011.

[25] [波兰]埃娃·多曼斯卡.邂逅:后现代主义之后的历史哲学[M].彭刚,译.北京:北京大学出版社,2007.

[26] [法]柏格森.时间与自由意志[M].北京:商务印书馆,1958.

[27] [法]保罗·利科.法国史学对史学理论的贡献[M].上海:上海社会科学院出版社,1992.

[28] [美]彼得·诺维克.那高尚的梦想:"客观性问题"与美国历史学界[M].杨豫,译.北京:生活·读书·新知三联书店,2009.

[29] [苏]巴尔格.历史学的范畴和方法[M].莫润先,陈桂荣,译.北京:华夏出版社,1989.

[30] 韩震,董立河.历史学研究的语言学转向——西方后现代历史哲学研究[M].北京:北京师范大学出版社,2008.

[31] 彭刚.叙事的转向:当代西方史学理论的考察[M].北京:北京大学出版社,2009.

[32] 曹意强.艺术与历史[M].北京:中国美术学院出版社,2001:72.

[33] [美]海登·怀特.元史学:十九世纪欧洲的历史想象[M].陈新,译.南京:译林出版社,2004.

[34] [美]海登·怀特.话语的转义:文化批判文集[M].董立河,译.郑州:大象

出版社,2011.

[35] [英]F.H.布莱德雷.批判历史学的前提假设[M].何兆武,张丽艳,译.北京:北京大学出版社,2007.

[36] [德]马丁·海德格尔.林中路[M].孙周兴,译.上海:上海译文出版社,1997.

[37] [德]汉斯-格奥尔格·伽达默尔.真理与方法:哲学诠释学的基本特征[M].洪汉鼎,译.上海:上海译文出版社,2004.

[38] [美]理查德·罗蒂.后哲学文化[M].黄勇,编译.上海:上海译文出版社,1992.

[39] 刘家和.史学、经学与思想:在世界史背景下对于中国古代历史文化的思考[M].北京:北京师范大学出版社,2005.

[40] [法]埃德加·莫兰.复杂思想:自觉的科学[M].陈一壮,译.北京:北京大学出版社,2001.

[41] 彭刚.叙事的转向:当代西方史学理论的考察[M].北京:北京大学出版社,2009.

[42] [德]约恩·吕森.历史思考的新途径[M].綦甲福,来炯,译.上海:上海人民出版社,2005.

[43] 袁吉富.历史认识的客观性问题研究[M].北京:北京大学出版社,2000.

[44] 俞吾金.杜威、实用主义与现代哲学[M].北京:人民出版社,2007.

[45] 王晴佳,古伟瀛.后现代与历史学:中西比较[M].济南:山东大学出版社,2006.

[46] [意]维柯.新科学[M].朱光潜,译.北京:商务印书馆,1989.

[47] 庄国雄,马拥军,孙承叔.历史哲学[M].上海:复旦大学出版社,2005.

[48] 张广智.西方史学史[M].上海:复旦大学出版社,2004.

[49] 张广智,张广勇.现代西方史学[M].上海:复旦大学出版社,1996.

[50] 赵敦华.现代西方哲学新编[M].北京:北京大学出版社,2010.

[51] [英]沃尔什.历史哲学导论[M].何兆武,张文杰,译.北京:北京大学出版社,2008.

[52] [美]普特南.理性、真理与历史[M].李小兵,译.沈阳:辽宁教育出版社,1988.

[53] [法]米歇尔·福柯.词与物:人文科学考古学[M].莫伟民,译.上海:上海三联书店,2001.

[54] [英]罗素.论历史[M].何兆武,肖巍,张文杰,译.桂林:广西师范大学出版社,2001.

[55] [德]尼采.历史的用途与滥用[M].陈涛,周辉荣,译.刘北成,校.上海:上海人民出版社,2000.

[56] [德]康德.历史理性批判文集[M].何兆武,译.北京:商务印书馆,1990.

[57] [日]内藤湖南.中国史学史[M].马彪,译.上海:上海古籍出版社,2008.

[58] 严建强,王渊明.西方历史哲学:从思辨的到分析与批判的[M].杭州:浙江人民出版社,1997.

[59] 周祥森.反映与建构:历史认识论问题研究[M].开封:河南大学出版社,2010.

[60] [德]斯特凡·约尔丹.历史科学基本概念词典[M].孟钟捷,译.北京:北京大学出版社,2012.

[61] [德]海德格尔.存在与时间[M].陈嘉映,王庆节,译.北京:生活·读书·新知三联书店,1999.

[62] 三联书店编辑部.普列汉诺夫哲学著作选集:第一卷[M].上海:生活·读书·新知三联书店,1959.

[63] 王志华.历史叙述:从客观性到合理性[M].北京:中国政法大学出版社,2013.

[64] [英]古奇.十九世纪历史学与历史学家[M].耿淡如,译.北京:商务印书馆,1989.

[65] [英]斯图亚特·西姆.德里达与历史的终结[M].王昆,译.王文华,校.北京:北京大学出版社,2005.

[66] 纪金庆.二元对立与阴阳:世界观的冲突与调和[M].台北:台湾商务印书馆股份有限公司,2008.

[67] 张世英.哲学导论[M].北京:北京大学出版社,2016.

[68] 朱本源.历史学理论与方法(修订本)[M].北京:人民出版社,2012.

[69] [法]费尔南·布罗代尔.论历史[M].刘北成,周立红,译.北京:北京大学出版社,2008.

## ·中文论文

[1] 陈铁健.书写真实的历史[J].史学月刊,2016(4).

[2] 陈新.实验史学:后现代主义在史学领域的诉求[J].北京师范大学学报(社会科学版),2004(5).

[3] 陈新.当代西方历史哲学的若干问题[J].东南学术,2003(6).

[4] 陈新.实践与后现代史学[J].学术研究,2004(4).

[5] 陈其荣,曹志平.自然科学与人文社会科学方法论中的"理解与解释"[J].浙江大学学报(人文社会科学版),2004(2).

[6] 孙维浠,欧阳霞.略论逻辑与修辞[J].重庆工业高等专科学校学报,2004(1).

[7] 彭刚.相对主义、叙事主义与历史学客观性问题[J].清华大学学报(哲学社会科学版),2008(6).

[8] 罗福惠,马敏.历史研究辩证法三题[J].江汉论坛,1983(1).

[9] [德]约恩·吕森.我对历史哲学的几点认识[J].历史研究,2016(3).

[10] 张芝联.费尔南·布罗代尔的史学方法[J].历史研究,1986(2).

[11] 刘曙光.历史认识的客观性与主体性[J].社会科学论坛(学术评论卷),2008(12).

[12] 王春红.历史认识的客观性[J].太原教育学院学报,2004(1).

[13] 林璧属.历史认识的主体性与客观真理性[J].史学理论研究,1997(3).

[14] 周建漳.历史认识的客观性问题反思——关于史学中认识一致性问题的哲学分析[J].哲学研究,2000(11).

[15] 张三萍.历史认识的主观性和客观性[J].湖北社会科学,2004(8).

[16] 杨春时,杨晨.中国古典美学意象概念的主体间性[J].吉首大学学报(社

会科学版),2011(4).
[17] 杨春时.从客体性到主体性到主体间性——西方美学体系的历史演变[J].烟台大学学报(哲学社会科学版),2004(4).
[18] 李醒民.科学客观性的特点[J].江苏社会科学,2008(5).
[19] 杜杰."客观性"与科学本体论[J].武汉理工大学学报(社会科学版),2011(5).
[20] 丁诺舟.日本实证主义史学的困境与出路——民间历史研究者的挑战与史家责任的重新审视[J].史学月刊,2017(10).
[21] 张文杰.现代西方历史哲学译文集[M].上海:上海译文出版社,1984.
[22] 顾晓伟.试析曼德尔鲍姆对历史相对主义的驳论——基于历史知识客观性问题[J].历史研究,2016(2).
[23] 周建漳.历史与假设[J].史学理论研究,1994(3).
[24] 周建漳,邓龙九.真理:一种基于日常语义的哲学分析[J].厦门大学学报(哲学社会科学版),2015(4).
[25] 周祥森.新时期历史认识客观性研究及反思[J].史学月刊,2009(9).
[26] 姚凯,陆健体.历史事实的解释与历史学的客观性[J].世界历史,1988(3).
[27] 彭卫.历史时间散论[J].江汉论坛,1991(6).
[28] 徐丽娜.米切尔与图画转向[J].同济大学学报(社会科学版),2012(3).
[29] 余永林.历史时间中的意识形态[J].浙江社会科学,2017(3).
[30] 姚才刚,张黎."万物一体"思想的新发展——以明儒蒋信为中心[J].哲学研究,2017(8).
[31] 宋志润.不是从循环中脱身,而是正确地进入循环——海德格尔论解释学循环[J].哈尔滨学院学报,2009(7).
[32] 杨泽树."效果历史"——理解之维的哥白尼革命[J].浙江社会科学,2007(6).
[33] 郭湛.论主体间性或交互主体性[J].中国人民大学学报,2001(3).
[34] 王志华.兰克史学的二重性:先验与经验[J].燕山大学学报(哲学社会科

学版),2013,14(1).

[35] 田颖.论求真——历史学存在之灵魂[J].山东教育学院学报,2010(2).

[36] 王霞.论海登·怀特的理论贡献[J].东北农业大学学报(社会科学版),2013(5).

[37] 王志华.历史叙述:从客观性到合理性[D].福建:厦门大学,2011.

# 后 记

本书是在我的博士论文基础上修改完善之后形成的。博士阶段的求学经历虽苦,但是也锻炼人的意志,提升人的能力和水平,从该视角来看也是美好的,正是此求学之苦但成果之美好的经历尤令人回味无穷。一生中的学生生涯在断断续续的学生与教师身份之间的多次转换之下终于在博士毕业后画上圆满的句号,但是科研之路继续,现在我又以教师及管理者的双重身份在玉林师范学院的教学与管理的岗位上继续奋斗。读硕之前已在武陟县城关高中教书十二载,读硕期间年龄已大压力也大,加上硕士毕业之后又三年的高中教师生涯,此时的年龄对于读书求学来说已不占优势,但执着于对学问的追求,亦可换言之,执着于对博士学位的憧憬,当然也有家人对博士学位的期盼之情,我又顶着重重压力继续求学探究之路,因此,该年龄段的读博需要的是大家的理解,而不是对外的一再解释和说明。此刻的场景再次回溯到调剂意愿电话征求之时,当时正是陆河外国语学校的课间时间,看到电话马上接通,电话那头传来韩璟老师询问我是否愿意调剂到外国哲学专业的周建漳老师名下,当时不敢多想,马上回答:“愿意调剂。”一句“愿意调剂”,已确定我将进入拟录取名单,当时如若我坚定要读科学技术哲学的博士而回复“不愿意调剂”,那我的历史又将怎样书写呢?这就是史学研究可能性的现实意义和真实案例。

能被录取,易言之,能被调剂到外国哲学并录取已实属幸运,得知结果之后甚是高兴,然而也深知压力之重。好在由科学技术哲学跨到外国哲学其跨度并非过大,能有此结果首先要感谢导师周建漳老师的宽容之心!在四年的博士求学生涯中,周老师对我的生活、学习和论文写作都很关心,总是询问我能否适应南方生活以及住宿条件如何等生活方面的状况;在学习上,博士一年级的第二学期伊始,周老师主动提出和我商定论文的选题方向。此时的我看到伽达默尔所论述的为"偏见"正名的文章,感到"历史认识的客观性"这一话题"很有意思",原来"偏见"并不是要消除的,而是认识过程必不可少的部分,为避免误解,亦可称之为"先见"。当时此选题方向是在周老师"仁智近处"之书房中开启的"问答模式"下才转入正式研究的。其实,自己当时对此问题亦懵懵懂懂,当时认为其之所以有意思是因为与先前我对历史的认识有别,然而涉入此话题,没想到这竟然是批判历史哲学中最棘手的问题,而真正深入研究起来其"很有意思"的感觉便若隐若现,甚或令人目眩。

论文选题、多次的大纲拟定、论文第一版初稿之后的方向性改变,都是周老师在身边谆谆教诲,让我未敢懈怠。当我面对新的修改方向而几乎无法入手,在我论文写作最无助、最苦恼也最无言的时候,是周老师耐心的指导让我明确了论文的写作方向。当写作后期迟迟无法进展时,也是周老师主动和我商谈,并提供了许多珍贵的建议,教我论文写作中应如何把握大局,甚至在字词的斟酌方面,都倾注着周老师的心血。我每写完一部分,就通过邮箱发给周老师,周老师总能于当天及时回复,尤其是不能通过文字指导的部分,周老师就采用电话方式直接讲解。在此,深深地感谢周老师对我的精心指导。

一同要感谢的还有人文学院哲学系的曹志平教授、陈嘉明教授、曹剑波教授、刘晓飞副教授、楼巍副教授、佘诗琴副教授等,在日常授课中,老师们独特的授课视角让我豁然开朗,使我看到一片知识的新天地。在开题报告中,各位老师在论文结构和写作重点上都给了我很多宝贵的建议,进而有助于我较快地完成论文写作。感谢韩璟老师对录取安排和论文答辩工作所做的努力。

感谢 2014 级哲学系博士生这个大家庭,家庭成员有陈昊、朱本用、林东杰、赵庆华、法师释和玄、左兴玲、王一雪、崔素娟、田希、祝涛、孟峰、张宽前、徐晨。班级的多次聚会,不仅在于学习中的小憩、生活中的聊天,更在于聚会之中凝聚着的团结与正气,正是班级之中的凝聚之气,使得我们班级所在的党支部成为人文学院中最优秀的党支部。

宿舍也是我学习和生活中重要的部分，在辅导员马向华老师的帮助下，我搬至凌云五 601 宿舍。凌云五 601 宿舍可隔窗望海，南望漳州，视野极佳，走出宿舍移步西向，左可一览校园风景，右可欣赏南普陀之静谧与神圣一景；宿舍四周风景优美，其“工”字形结构，使得宿舍不存在朝阳与背阳之说，通风效果极佳，空气亦清新干爽；其坐落山上且为顶楼之位置，使得宿舍远离喧嚣，能保证我在静谧的环境中进行哲学沉思与写作反思。以上有利条件的有机融合为论文的快速写作打下了良好的外在基础。在此，感谢马向华老师为我提供的挑选宿舍的机会，若无此住宿条件，也很难想象论文能如期完成。此外，马向华老师也积极向我推荐就业高校，她的敬业精神和一心为学生着想的做法让人折服。我在玉林师范学院也看到辅导员老师为学生的住宿和就业问题忙前忙后而无所怨言，甚至老师们在帮助学生就业成功后体现出一种藏不住的喜悦感，这就是责任和担当在教师职业中的体现，也体现教师把职业当志业，真正为学生着想，为单位名声着想，为国家发展着想的精神和担当。

感谢父母，他们一生操劳维艰，还要将我们姐弟抚养成人与成才，父母付出的艰辛是我所无法想象的。感谢家人对我学习的理解、支持和帮助。

感谢师兄邓龙久、感谢法学专业博士生赵业新和英语专业博士生陈明辉，我多次当面向他们请教外文文献的查阅与应用，并在他们耐心的讲解中学会了如何快速查找并灵活应用外文文献及索引。由于年龄因素，在就业问题上最无奈的时候，玉林师范学院政法学院向我伸出了橄榄枝，了解此院校后方感世事之巧合令人难以置信，师姐高红艳、师兄杨洁高皆就职于该校，应聘期间与参加工作之后对我帮助甚多，在此一并感谢。

读博年月，尤其是最后一年，虽可每天隔窗望海，但几无清爽洒脱的海边漫步，亦无饶有兴致的芙蓉湖畔小憩，更无信步中山街的悠闲时光，看到游客光鲜灿烂的笑容，自己反而多出一种时不我待的压力。正是此压力之存在，身心虽累，但累有所值，攻克论文之难关的喜悦及论文“完工”之时的释然都是自己专属的感受！

四年厦大时光飞速流过，其间纵有艰辛和曲折，但正因为有老师、家人、同学和朋友的理解与宽容，才使我轻装上阵，进而有信心克服困难。

2018 年 9 月博士毕业后踏入玉林师范学院的教学工作岗位，在政法学院从事教学工作，半年后任政法学院思想政治教育专业教研室主任，在此期间认真完成各项工作，努力为学院工作，对政法学院的发展和思政专业学生的成长作出了应有的贡献。2021 年 10 月转入教育科学学院，担任副院长职务，与教研室主任相比，工作总项虽少，但要求更为专业，责任更大。在做好管理工作之外，我还结合自己的政史教育、法律和哲学背景，每年的春季期为教育科学学院的学生上“小学教育哲学”这门课，传播哲学思维及课程思政的相关知识。每年的秋季期给全校的本科生上“哲学智慧与创新思维”的课程，同样传播哲学思想，讲解创新思维，开拓学生的哲学视野，更在生活上指导学生如何朝向美好生活方向发展，也将本书内含的哲学智慧与创新思维和学生一起分享，让学生感知探究历史认识的客观性问题也是这样的新奇与艰辛，培养学生的探究意识和探索能力。“哲学智慧与创新思维”这门课的讲课方式我参考了部分知名高校的做法，若对今后三年的讲课内容加以凝练与拓展，将又有一本专著面世，这才是我真正喜欢的学术生活：探索问题，研究真理，并依此为学生服务、为国家做贡献。时间飞快，唯希冀自己继续保持一种时不我待与催人奋进的压力，继续将学问做深，以资回报社会。

本书的写作得到了厦门大学周建漳老师的认真指导和可贵的鼓励，本人在修改过程中获益甚多，承蒙恩师谆谆之教，铭感五衷！本书的顺利出版得到了玉林师范学院 2023 年硕士学位点区财政资助建设经费、玉林师范学院高层次人才科研启动基金的全额资助，本书的外审人员对本书个别字词和部分布局提出珍贵的修改意见和建设性的意见，谨此致谢！本书的顺利出版也得到了玉林师范学院教育科学学院学院陈庆文、崔海波、谢清理、金康彪、何衍招、陈冬梅、曹绍娴等老师的热心帮助，”改为“本书的顺利出版也得到了玉林师范学院教育科学学院陈庆文、崔海波、谢清理、金康彪、何衍招、陈冬梅、曹绍娴等领导或老师的热心帮助，在此一并致谢！由于本人才疏学浅，写作水平有限，本书难免有纰漏之处，敬请读者批评指正。

程传利<br>2023 年 7 月<br>于玉林师范学院东校区荔园二栋